मंगल उपासना शास्त्र: व्रत कथा, ग्रह के प्रभाव, लक्षण एवं लाल किताब उपाय सहित

पंडित सौरभ मिश्र

Made with ♥ on the Notion Press Platform
www.notionpress.com

माता एवं पिता जी के चरणों में सादर समर्पित

क्रम-सूची

प्रस्तावना	vii
भूमिका	ix
पावती (स्वीकृति)	xiii
1. मंगल व्रत विधि	1
2. श्री गणेश उपासना	4
3. मंत्र जाप	6
4. मंगलवार व्रत कथा	7
5. मंगल कवचम्	9
6. श्री हनुमान कवच	11
7. ऋणमोचक मंगल स्तोत्र	17
8. श्री हनुमान स्तोत्र	19
9. श्री हनुमत् स्तवन	21
10. हनुमान चालीसा	22
11. संकटमोचन हनुमानाष्टक	25
12. बजरंग बाण	27
13. हनुमान जी की आरती	29
14. मंगलवार की पावन आरती	30
15. श्रीराम स्तुति -i	32
16. लाल किताब के अनुसार मंगल ग्रह	34
17. लाल किताब के अनुसार विभिन्न भावों में मंगल ग्रह के प्रभाव एवं उपाय	39
18. लाल किताब के अनुसार मंगल ग्रह के अशुभ होने के लक्षण	45
19. मंगल के शुभ और अशुभ योग	47
20. मंगलवार के उपाय	50

क्रम-सूची

श्री मंगल यंत्रम 53

प्रस्तावना

ज्योतिष शास्त्र और वैदिक ज्योतिष में मंगल ग्रह का बहुत महत्व बताया गया है। वैदिक ज्योतिष के अनुसार मंगल ग्रह ऊर्चा, साहत, पराक्रम, शौर्य, शक्ति आदि के कारक मानें जाते हैं। जातकों पर मगंल ग्रह का शुभ और अशुभ दोनों प्रभाव पड़ता है।

ज्योतिष विज्ञान आंकड़ों (data) और विज्ञान का एक मिश्रण है। जिस प्रकार रसायन, गणित, जीवविज्ञान, मनोविज्ञान तथा खगोलविज्ञान इत्यादि विज्ञान के एक प्रकार हैं ठीक उसी प्रकार ज्योतिष भी एक विज्ञान है और अनेको लोगों को इसके द्वारा हुए लाभ इस बात का प्रमाण हैं कि यह सत्य और विज्ञान पर आधारित है।

अतैव हर एक व्यक्ति को इस ज्ञान का लाभ उठा अपने जीवन में महत्वपूर्ण परिवर्तन लाने का पूर्ण अधिकार है। अनेक महान ज्योतिष पहले से ही मानवता के इस कार्य को अपना जीवन समर्पित कर चुके हैं तथा हम सभी ऐसे विद्वानों को आज भलीभांति जानते हैं। अतः यह पुस्तक ऐसे सभी महान विद्वान ज्योतिषियों के चरणों में सादर समर्पित है और उनका आशीर्वाद अपेक्षित है। मेरा प्रयास उनके इस ज्ञान को हर व्यक्ति तक पहुँचाना है ताकि उनके मानव सेवा के इस महान आंदोलन में मैं भी कुछ योगदान दे सकूँ।

भूमिका

ज्योतिष के अनुसार मंगल ग्रह को मंगल देव का प्रतिनिधित्व माना जाता है, जो एक युद्ध के देवता है। संस्कृत में इन्हें भौम अर्थात भूमि का पुत्र कहा गया है। शास्त्रों में मंगल देव के स्वरूप का वर्णन करते हुए उनकी चार भुजाएँ बतायी गई हैं। वह अपने एक हाथ में त्रिशूल, दूसरे हाथ में गदा, तीसरे हाथ में कमल तथा चौथे हाथ में शूल लिए हुए हैं और भेड़ उनकी सवारी है। इसके साथ ही मंगल ग्रह का संबंध हनुमान जी से भी है। मंगलवार के जातक हनुमान जी का व्रत करते हैं। हनुमान जी अपने भक्तों की भूत-पिशाच तथा अनिष्ट से रक्षा करते हैं। ऐसा हमारे धार्मिक ग्रंथों का मानना है। वैसे हनुमान जी स्वयं बल, साहस, बुद्धि और ज्ञान के देवता हैं। इनके चरित्र का समरण मात्र ही आपको साहस प्रदान करता है।

यदि इनके चरित्र को ध्यानपूर्वक पढ़ा और समझा जाए तो हमें समझ में आएगा कि हनुमान जी की चारित्रिक विशेषताओं को हमें अपने जीवन में उतारना चाहिए। उनमें नेतृत्व के गुण हैं। अथाह पौरुष और समझदारी है। तथा वे अत्यंत विनम्र स्वाभाव वाले हैं। उनका चरित्र अनेक विशेषताओं से भरा हुआ है, इसीलिए हमारे मनीषी हमें सुन्दरकाण्ड पढ़ने की सलाह देते हैं ताकि हम उन गुणों को समझ सकें और अपने जीवन में उतार सकें। किसी भी देवता की पूजा या उपासना के पीछे मूल रूप से यही मनोवैज्ञानिक कारण होता है। हमारे जैसे आदर्श होंगे हम स्वयं को वैसा ही बनाएंगे।

कुछ लोग मंगल को क्रूर ग्रह भी मानते हैं। किन्तु जैसा कि मैं पहले भी कह चुका हूँ कि ग्रहों की क्रूरता या दया या समर्थन का सम्बन्ध सीधा हमारे कार्यों और जीवन शैली से है, हमारे विचारो और स्वभाव से है; इसलिए मंगल को हम क्रूर ग्रह नहीं मान सकते हैं। हाँ, यह अवश्य है कि मंगल को प्रसन्न करना इतना भी आसान नहीं। किन्तु कोई भी काम जो कठिन होता है उसका फल भी उठना ही मधुर होता है। भले ही मंगल ग्रह को क्रूर ग्रह कहा जाता है। परंतु आप सोचिए, जिस ग्रह का नाम ही मंगल है वह किसी के लिए अमंगल कैसे हो सकता है। हम जानते हैं कि सभी ग्रह के नकारात्मक और सकारात्मक दोनों प्रभाव मनुष्य जीवन पर पड़ते हैं। उन नौ ग्रहों में मंगल ग्रह भी एक है।

यदि हम खगोल विज्ञान की बात करें तो इसके अनुसार, मंगल ग्रह में आयरन ऑक्साइड की मात्रा सर्वाधिक है और इसलिए इसे लाल ग्रह कहा जाता है। यह पृथ्वी के समान ही स्थलीय धरातल वाला ग्रह है। विश्व के वैज्ञानिक समाज को मंगल ग्रह में जीवन की संभावना दिखाई देती हैं। हालाँकि निम्न वायुदाब के कारण मंगल पर तरल जल का अभाव है। यहां यह याद रखना आवश्यक है कि हमारे ज्योतिषी भी मंगल ग्रह का मुख्य रंग लाल ही बताते हैं।

वैदिक ज्योतिष में मंगल ग्रह ऊर्जा, भाई, भूमि, शक्ति, साहस, पराक्रम, शौर्य का कारक होता है। मंगल ग्रह को मेष और वृश्चिक राशि का स्वामित्व प्राप्त है। यह मकर राशि में उच्च होता है, जबकि कर्क इसकी नीच राशि है। वहीं नक्षत्रों में यह मृगशिरा, चित्रा और धनिष्ठा नक्षत्र का स्वामी होता है। गरुण पुराण के अनुसार मनुष्य के शरीर में नेत्र मंगल ग्रह का स्थान है। यदि किसी जातक का मंगल अच्छा हो तो वह स्वभाव से निडर और साहसी होगा तथा युद्ध में वह विजय प्राप्त करेगा। लेकिन यदि किसी जातक की जन्म कुंडली में मंगल अशुभ स्थिति में बैठा हो तो जातक को विविध क्षेत्रों में कठिनाइयों का सामना करना पड़ता है। मंगल ग्रह लाल रंग का प्रतिनिधित्व करता है।

मंगल ग्रह का हमारे विवाह पर भी अत्यंत प्रभाव पड़ता है। मांगलिक दोष मनुष्य जीवन के दांपत्य जीवन को प्रभावित करता है। मंगल दोष व्यक्ति के विवाह में देरी अथवा अन्य प्रकार की रुकावटों का कारण होता है। ज्योतिष शास्त्र के अनुसार यदि किसी जातक की जन्म कुंडली में मंगल ग्रह प्रथम, चतुर्थ, सप्तम, अष्टम और द्वादश भाव में बैठा हो तो यह स्थिति कुंडली में मांगलिक दोष का निर्माण करती है। इसके प्रभावों को कम करने के लिए जातक को मंगल दोष के उपाय करने चाहिए।

याद रखें मंगल क्रूर नहीं, वह मंगलकर्ता, दुखहर्ता, ऋणहर्ता व कल्याणकारी है। मंगल दोषपूर्ण होने पर अलग-अलग तरह के कष्ट होते हैं। मंगल को अनुकूल बनाने के उपाय भी अलग-अलग होते हैं।

लाल आभायुक्त दिखाई देने वाला यह (मंगल) ग्रह जब धरती की सीध में आता है तब इसका उदय माना जाता है। उदय के पश्चात 300 दिनों के बाद यह वक्री होकर 60 दिनों तक चलता है। बाद में फिर सामान्य परिक्रमा मार्ग पर आकर 300 दिनों तक चलता है। ऐसी स्थिति में मंगल का अस्त होना कहा गया है।

भारतीय ज्योतिष अनुसार मंगल ग्रह मेष राशि एवं वृश्चिक राशि का स्वामी होता है। मंगल मकर राशि में उच्च भाव में तथा कर्क राशि में नीच भाव में कहलाता है।सूर्य, चंद्र एवं बृहस्पति इसके सखा या शुभकारक ग्रह कहलाते हैं एवं बुध इसका विरोधी ग्रह कहलाता है। शुक्र एवं शनि अप्रभावित या सामान्य रहते हैं। मंगल तीन चंद्र नक्षत्रों का भी स्वामी है: मृगशिरा, चित्रा, धनिष्ठा।

मैं मंगल के बारे में आगे भी चर्चा करूँगा विशेष रूप से लाल किताब में वर्णित तथ्यों और उपायों के सन्दर्भ में। हम जानते हैं कि मंगल ग्रह को महाबली प्रभु श्री हनुमान जी से जोड़ा जाता है। क्यूंकि भगवान् हनुमान अत्यंत पराक्रमी, साहसी, मंगलकारी, विघ्नहर्ता थे तथा प्रभु श्री राम के सम्पूर्ण कार्यों को अपनी बुद्धि, ज्ञान, चतुरता और पराक्रम से सफलतापूर्वक संपन्न किया इसलिए हम यह अनुमान अत्यंत शीघ्रता से लगा सकते हैं कि जिस व्यक्ति का मंगल शुभ हो तथा कुंडली में मंगल, मंगल या शुभ और अत्यंत प्रभावशाली हो तो ऐसा व्यक्ति जीवन में क्या नहीं कर सकता। मेरे कहने का तात्पर्य है कि यदि आप पर मगल कृपालु है तो आपका जीवन सफल हो जाता है और आप नित्य नयि उंचाईओं को छूटे हैं तथा हर कार्य में आपको सफलता मिलती है क्योंकि आप निडर और मेहनती हैं, चुनातियों से नहीं घबराते और अपनी बुद्धि का सदुपयोग कर आप असंभव को भी संभव कर देते हैं तो आपका सफल होना तो निश्चित ही है।

देखिये मैं अनेकों बार बता चुका हूँ - 'परिश्रमेण कार्यं सिध्यन्ति' अर्थात परिश्रम से ही कार्य सिद्ध होते हैं किन्तु ज्योतिष आपको आपके परिश्रम का पूरा फल मिले इस बात को निश्चित करता है तथा आपके भाग्य को ठीक कर आपकी सफलता के मार्ग में आने वाली बाधाओं को दूर करता है। यह एक वैज्ञानिक पद्धति है जिसे हम डेटा विज्ञान भी कह सकते हैं। डेटा साइंस एक ऐसा अध्ययन है जो व्यावसायिक उद्देश्यों के लिए उपयोग किए जाने वाले डेटा स्रोतों से सार्थक जानकारी की पहचान, प्रतिनिधित्व और डेटा विज्ञान निष्कर्षण से संबंधित है। किन्तु ज्योतिष उससे भी आगे बढ़कर उन आंकड़ों के आधार पर आपको अपना जीवन सफल बनाने का मार्ग बताता है। किन्तु परिश्रम और प्रयास तो आपके ही हाथों में हैं। अतैव याद रखें कि किसी भी ग्रह को प्रसन्ना और अनुकूल करने के लिए आपको अपने कर्म और मेहनत पर भी पूरा ध्यान देना होगा तभी उपाय अनुकूल परिणाम देंगे।

क्योंकि मंगल ग्रह को हनुमान जी से जोड़ा जाता है इसलिए मंगल को प्रभावशाली और शुभकारी बनाने के लिए ज्योतिष में हनुमान जी की पूजा को आवश्यक बताया गया है। हनुमानजी पराक्रम, बल, सेवा और भक्ति के आदर्श देवता माने जाते हैं। इसी वजह से पुराणों में हनुमानजी को सकलगुणनिधान भी कहा गया है। गोस्वामी तुलसीदास ने भी लिखा है कि- 'चारो जुग परताप तुम्हारा, है परसिद्ध जगत उजियारा।' इस चौपाई का अर्थ है कि हनुमानजी इकलौते ऐसे देवता हैं, जो हर युग में किसी न किसी रूप गुणों के साथ जगत के लिए संकटमोचक बनकर मौजूद रहेंगे। शास्त्रों में कहा गया है कि हनुमानजी की सेवा करने और उनका व्रत रखने से उनकी विशेष कृपा अपने भक्तों पर बनी रहती है। ज्योतिष शास्त्रों के अनुसार, हनुमानजी का व्रत करने से कुंडली में मौजूद सभी ग्रह शांत हो जाते हैं और उनकी असीम कृपा प्राप्त होती है। अपने भक्तों पर आने वाले हर संकट को हनुमानजी दूर करते हैं। संतान प्राप्ति के लिए हनुमानजी का व्रत फलदायी माना जाता है। इस व्रत को करने से भूत-प्रेत और काली शक्तियों का प्रभाव नहीं पड़ता है। मंगलवार का व्रत करने से सम्मान, साहस और पुरुषार्थ बढ़ता है।

तथैव इस पुस्तक में लाल किताब उपायों के साथ-साथ मंगलवार व्रत एवं पूजा विधि का भी विस्तृत वर्णन किया गया है। आशा है कि आपको पुस्तक पिछली पुस्तकों की भांति ही पसंद आये और ईश्वर आपका मंगल करें।

पावती (स्वीकृति)

यह पुस्तक ज्योतिष पर मेरी पुस्तकों की शृंखला में तीसरी है और मैं आभारी हूँ आप लोगों के असीम प्रेम, गुरुओं द्वारा दिए गए ज्ञान का और ईश्वर के आशीर्वाद का। इन पुस्तकों की सफलता, जिसका श्रेय आप लोगों के प्रेम और आशीर्वाद को जाता है, वही मेरी प्रेरणा का स्त्रोत है। ये सभी उपासना शास्त्र विभिन्न महान शास्त्रों एवं ज्योतिषियों के ज्ञान का एक संकलन है। इस पुस्तक में बताये गए तथ्य का मूल आधार वैदिक पुस्तकें, मुख्य रूप से लाल किताब है। इसके अतिरिक्त विभिन्न ज्योतिषियों के द्वारा बताई गयी बातों का निष्कर्ष भी है। इस पुस्तक को सरल भाषा में लिखने का प्रयास किया गया है तथा तथ्यों को भी जितना संभव हो सकता है सरल रूप से समझाया गया है।

ज्योतिष एक वृहद् शास्त्र है और वैज्ञानिक तथ्यों पर आधारित है; तथैव इसमें विभिन्न गणनाओं और सूत्रों का प्रयोग होता है। यही कारण है कि हमारे पंचांग और पंडित सूर्योदय, सूर्यास्त, ग्रहण इत्यादि की एकदम सटीक गणना कर देते हैं। और भविष्य के कई वर्षों तक की सटीक गणना पहले ही की जा चुकी है। जब कि आधुनिक वैज्ञानिक भी इतनी सटीक गणना करने में अभी भी अक्षम हैं। मैं पहले भी कह चुका हूँ यह विज्ञान है अतैव आपको इसका पालन भी वैज्ञानिक दृष्टिकोण से पूर्ण आस्था रखते हुए करना होगा। आपको निश्चित ही सकारात्मक परिणाम मिलेंगे और यही बात ये प्रमाणित करती है कि यह एक विज्ञान है। ज्योतिष विज्ञान स्वयं को अनेकों बार प्रमाणित कर चुका है इतना तो कोई डॉक्टर या वैज्ञानिक भी अपने सिद्धांतों को हर बार सफलता से सिद्ध नहीं कर पाता। यही कारण हैं युगो प्राचीन इसके सिद्धांत और ज्ञान का आज भी उतना ही महत्त्व है जबकि आधुनिक विज्ञान के सिद्धांत अगली पीढ़ी के वैज्ञानिक ही गलत सिद्ध कर देते हैं। क्यूंकि ये विशुद्ध विज्ञान है, डेटा साइंस, गणित, मनोविज्ञान, जीवविज्ञान, खगोलविज्ञान और प्राकृतिक ज्ञान का एक अनोखा मिश्रण। इस ज्ञान का प्रयोग अपने जीवन को सुखी एवं सफल बनाने के लिए करें। ईश्वर सदैव आपके साथ है। याद रखें विचार और कर्मों की शुद्धता सबसे अधिक महत्वपूर्ण होती है और साथ ही विश्वास। यदि आपको खुद पर विश्वास नहीं तो आपको कोई सफल नहीं बना सकता।

अपने ईष्ट देव का स्मरण कर अपने जीवन को सफल बनाने के लिए परिश्रम करें, यह ज्योतिष ज्ञान आपका अवश्य साथ देगा और ईश्वर की अनुकम्पा अवश्य

होगी।

1

मंगल व्रत विधि

हनुमान जी विघ्नहर्ता है तथा इनकी उपासना सभी ग्रहों को शांत करती है। हनुमान जी एक महायोगी हैं, अजर-अमर हैं। भगवान शिव के रूद्र अवतार हनुमान जी को संकटमोचन के नाम से भी जाना जाता है। हनुमान जी की उपासना से शनि देव भी आपसे रुष्ट नहीं रहते। हमें यह भी समझना चाहिए कि हनुमान जी प्रेरणा के स्त्रोत है। यदि आप हनुमान जी के जीवन को देखें, उनको समझें तो आपको समझ आएगा कि सफलता का मूल मंत्र क्या है। हनुमान जी एक योगी हैं, कर्त्तव्य परायण हैं एवं कर्म को अत्यंत महत्त्व देते हैं। ईश्वर में उनकी गहन आस्था है तथा अपनी हर सफलता को वो ईश्वर को समर्पित कर देते है। इतने शक्तिशाली और ज्ञान होने के बावजूद उनमे घमंड नहीं है, कभी स्वयं का गुणगान नहीं करते। हर कार्य सोच समझ कर धैर्य और साहस के साथ अपनी बुद्धिमत्ता का परिचय देते हुए करते हैं। यही सब सफलता के मंत्र हैं। एक और बात भगवान् हनुमान जी नियम-संयम को अत्यंत महत्त्व देते हैं जो कि सफलता के लिए अत्यंत आवश्यक है। यही कारण है कि कहा जाता है यदि आपका मंगल शुभ है और प्रभावशाली है तो आपको सफल होने से कोई नहीं रोक सकता।

व्रत विधि एवं नियम अग्रलिखित हैं, कृपया ध्यानपूर्वक पढ़ें एवं श्रद्धा से नियमों का पालन करें।

व्रत विधि

हनुमानजी का व्रत लगातार 21 मंगलवार करना चाहिए। मंगलवार के दिन ब्रह्म मुहूर्त में उठकर स्नान वगैरह से निवृत्त होकर सबसे पहले हनुमानजी का ध्यान करें और व्रत का संकल्प करें। इसके बाद ईशान कोण की दिशा (उत्तर-पूर्व कोने) में किसी एकांत स्थान पर हनुमानजी की मूर्ति या तस्वीर स्थापित करें।

फिर गंगाजल के छीटें देकर उनका लाल कपड़ा धारण कराएं। फिर पुष्प, रोली और अक्षत के छीटें दें। इसके बाद चमेली के तेल का दीपक जलाएं और तेल की कुछ छीटें मूर्ति या तस्वीर पर डाल दें।

इसके बाद हनुमानजी को फूल अर्पित करें और अक्षत व फूल हाथ में रखकर भगवान् गणेश की उपासना एवं संकल्प के साथ हनुमानजी की कथा सुनें और हनुमान चालीसा और हो सके तो सुंदरकांड का पाठ भी करें या सुनें । इसके बाद आप भोग लगाएं और अपनी मनोकामना भगवान् से कहें और प्रसाद सभी में वितरण कर दें। अगर संभव हो सके तो दान जरूर करें। शाम के समय भी हनुमान मंदिर जाकर चमेली के तेल का दीपक जलाएं और सुंदरकांड का पाठ करें और उनकी आरती करें।

21 मंगलवार के व्रत होने के बाद 22वें मंगलवार को विधि-विधान के साथ बजरंगबली का पूजा कर उन्हें चोला चढ़ाएं। उसके बाद 21 ब्राह्मणों या अपनी क्षमता अनुसार ब्राह्मण देव को बुलाकर उन्हें भोजन कराएं और क्षमतानुसार दान–दक्षिणा दें।

क्या करें ?

- इस व्रत में गेहूं और गुड़ का ही भोजन करना चाहिये।
- एक ही बार भोजन करें। नमक नहीं खाना है।
- लाल पुष्प चढ़ायें और लाल ही वस्त्र धारण करें।
- अंत में हनुमान जी की पूजा करें।
- मंगलवार के दिन गाय को रोटी खिलाने से पुण्य प्राप्त होता है।
- ब्रह्मचर्य का पालन करें, विशेषतौर पर यदि आप व्रत कर रहे हैं तो अवश्य ही ब्रह्चर्य का पालन करें।
- इस दिन मिठाई का दान शुभ माना जाता है, लेकिन जो लोग मिठाई का दान करते हैं, वे स्वयं मीठे का सेवन न करें।

क्या न करें?

- नमक का सेवन न करें।
- मंगलवार के दिन महिलाएं सौंदर्य का सामान भूलकर भी ना खरीदें। इससे वैवाहिक जीवन में दरार आती है। यदि आपको सौंदर्य का सामान खरीदना है तो सोमवार और शुक्रवार के दिन खरीदें। ये दिन सौंदर्य का सामान खरीदने के

लिए उपयुक्त माना जाता है।मंगलवार के दिन भूलकर भी दूध से बनी चीजें नहीं खरीदनी चाहिए। दूध चंद्रमा का प्रतीक माना जाता है। चंद्रमा और मंगल एकदूसरे के विरोधी होते हैं। इसलिए इस दिन दूध से बनी चीजें नहीं खरीदनी चाहिए. इन दिन आप बेसन से बनी बूंदी खरीदें।

- इस दिन मास, शराब का सेवन नहीं करना चाहिए। ऐसा करने से परिवार में भारी विपत्ति आ सकती हैं। इस दिन मछली खाने से आपका सारा पैसा खत्म हो जाता है।
- इस दिन काले रंग के वस्त्र ना ही पहनने चाहिए और ना ही खरीदने चाहिए। इस दिन लाल रंग के वस्त्र पहनने से कई दोष दूर हो जाते हैं।
- इस दिन गौ माता का अपमान न करें। गौ माता का अपमान करने से कई तरह की मुसीबतों का सामना करना पड़ सकता है।
- मंगलवार के दिन लोहे की चीजों की खरीदारी नहीं करना चाहिए। इससे मंगल ग्रह का नकारात्मक प्रभाव आप पर पड़ सकता है।
- इस दिन नाखून और केश काटना भी अशुभ होता है। अतैव ऐसा करने से बचें।

2

श्री गणेश उपासना

(किसी भी देवी या देवता के पूजन से पूर्व भगवान श्री गणेश जी की पूजा करना श्रेष्ठकर होता है क्योंकि भगवन गणेश जी को हमारे शास्त्रों में विघ्नहर्ता कहा गया है, अतैव भगवान गणेश विघ्नहर्ता के रूप में हमारी पूजा में आने वाली बाधाओं को समाप्त कर हमारी पूजा को न केवल सफलता प्रदान करते हैं अपितु हमारे जीवन में आने वाली समस्त बाधाओं का भी हरण करते हैं। वैसे भी शास्त्रानुसार किसी भी देवता की पूजा करने से पहले भगवान् गणेश जी की पूजा करना आवश्यक है।)

१- वक्रतुण्ड महाकाय सूर्यकोटि समप्रभा।
निर्विघ्नं कुरु मे देव सर्वकार्येषु सर्वदा॥
२- विघ्नेश्वराय वरदाय सुरप्रियाय लम्बोदराय सकलाय जगद्धितायं।
नागाननाथ श्रुतियज्ञविभूषिताय गौरीसुताय गणनाथ नमो नमस्ते॥

संकटनाशन स्तोत्र

प्रणम्यं शिरसा देव गौरीपुत्रं विनायकम।
भक्तावासः स्मरैनित्यंमायुःकामार्थसिद्धये।।1।।
प्रथमं वक्रतुंडंच एकदंतं द्वितीयकम।
तृतीयं कृष्णं पिङ्क्षं गजवक्त्रं चतुर्थकम।।2।।
लम्बोदरं पंचमं च षष्ठं विकटमेव च।
सप्तमं विघ्नराजेन्द्रं धूम्रवर्ण तथाष्टकम् ।।3।।
नवमं भालचन्द्रं च दशमं तु विनायकम।
एकादशं गणपतिं द्वादशं तु गजाननम।।4।।
द्वादशैतानि नामानि त्रिसंध्य यः पठेन्नरः।

न च विघ्नभयं तस्य सर्वासिद्धिकरं प्रभो।।5।।
विद्यार्थी लभते विद्यां धनार्थी लभते धनम्।
पुत्रार्थी लभते पुत्रान् मोक्षार्थी लभते गतिम् ।।6।।
जपेद्वगणपतिस्तोत्रं षड्भिर्मासैः फलं लभेत्।
संवत्सरेण सिद्धिं च लभते नात्र संशयः ।।7।।
अष्टभ्यो ब्राह्मणेभ्यश्च लिखित्वां यः समर्पयेत।
तस्य विद्या भवेत्सर्वा गणेशस्य प्रसादतः।।8।।
॥ इति श्रीनारदपुराणे संकष्टनाशनं गणेशस्तोत्रं सम्पूर्णम् ॥

3

मंत्र जाप

मंगल साहस और पराक्रम का कारक ग्रह है। कुंडली में मंगल के कमजोर होने पर उसके साहस और ऊर्जा में निरंतर कमी रहती है। मंगल को मजबूत करने के लिए मंगल ग्रह के बीज मंत्र का जप करना चाहिए।

मंगल बीज मंत्र

ॐ क्रां क्रीं क्रौं सः भौमाय नमः।

एकाक्षरी बीज मंत्र

'ॐ अं अंगारकाय नमः।'

तांत्रिक मंत्र

'ॐ क्रां क्रीं क्रौं सः भौमाय नमः'।

विधि - किसी भी एक मंत्र का मंगलवार के दिन प्रातः स्नान ध्यान के बाद 108 बार जपें।

ध्यान

ओम क्रां क्रीं क्रौं सः भौमाय नमः।
धरणी गर्भ संभूतं विद्युत् कांति समप्रभम
कुमारं शक्ति हस्तं तं मंगल प्रणमाम्यहम।।

4

मंगलवार व्रत कथा

एक समय की बात है एक ब्राह्मण दंपत्ति प्रेमभाव से साथ-साथ रहते थे लेकिन उनकी कोई संतान ना होने के कारण दुखी रहते थे। ब्राह्मण हर मंगलवार के वन जाकर हनुमानजी की पूजा करने जाता था और संतान की कामना करता था। ब्राह्मण की पत्नी भी हनुमानजी की बहुत बड़ी भक्त थी और मंगलवार का व्रत रखती थी। वह हमेशा मंगलवार के दिन हनुमानजी का भोग लगाकर ही भोजन करती थी। संतान प्राप्ति की इच्छा से ब्राह्मण देव हनुमान जी की उपासना के लिए वन को चले गए। इधर ब्राह्मणी भी उसी प्रकार नित्य हनुमान जी की उपासना करती रही।

एक बार व्रत के दिन ब्राह्मणी भोजन नहीं बना पाई, जिससे हनुमानजी का भोग नहीं लग सका। तब उसने प्रण किया कि वह अगले मंगलवार को हनुमानजी को भोग लगाकर ही भोजन करेगी। वह छह दिन तक भूखी-प्यासी रखी और मंगलवार के दिन व्रत के दौरान बेहोश हो गई। एक तरफ तो ब्राह्मण के तपस्या और दूसरी ओर ब्राह्मणी की निष्ठा और लगन को देखकर हनुमानजी बहुत प्रसन्न हुए और आशीर्वाद के रूप में एक संतान दी और कहा कि यह तुम्हारी बहुत सेवा करेगा। संतान पाकर ब्राह्मणी बहुत प्रसन्न हुई और उसने बालक का नाम मंगल रखा।

कुछ समय बाद जब ब्राह्मण घर आया, तो घर में बच्चे की आवाज सुनाई दी, घर में बालक को देख कर ब्राह्मण हैरान था। ब्राह्मण ने अपनी पत्नी से पूछा कि आखिर यह बच्चा कौन है?

ब्राह्मण की पत्नी ने कहा कि हनुमान जी ने हमारे व्रत और साधना से प्रसन्न होकर अपने आशीर्वाद के रूप में यह संतान हम दोनो की दी है।

ब्राह्मण को अपनी पत्नी की इस बात पर विश्वास नहीं हुआ। तथा यह सोच कर कि यह न जाने किसका बच्चा है जिसे ब्राह्मणी अपने घर उठा लायी है, ब्राह्मण उस बच्चे से छुटकारा पाने के बारे में सोचने लगा। एक दिन जब ब्राह्मणी घर पर नहीं थी तो ब्राह्मण ने मौका देखकर बच्चे को कुएं में गिरा दिया। और चुपचाप घर को लौट आया। किन्तु उसके भीतर एक बेचैनी भी थी। एक तो यह कि उसने भावावेश में एक गलत कार्य कर दिया और साथ ही वह यह भी सोच कर भयभीत था कि अब वो ब्राह्मणी को क्या जवाब देगा कि बच्चा कहाँ है। ब्राह्मण इसी विचार में मग्न था कि ब्राह्मणी घर वापस आ गयी। जब ब्राह्मणी घर लौटी तो उसने मंगल के बारे में पूछा। तभी पीछे से मंगल मुस्कुरा कर आ गया और ब्राह्मण बच्चे को देखकर आश्चर्य चकित रह गया। रात को हनुमानजी ने ब्राह्मण को सपने में दर्शन दिए और बताया कि यह संतान तुम्हारी है। ब्राह्मण सत्य जानकर बहुत खुश हुआ। इसके बाद ब्राह्मण दंपत्ति प्रत्येक मंगलवार को व्रत रखने लगे। शास्त्रों के अनुसार, जो भी मनुष्य मंगलवार व्रत और कथा पढ़ता या सुनता है, उसे हनुमानजी की विशेष कृपा प्राप्ति होती है। उसके सभी कष्ट दूर होते हैं और हनुमानजी की दया के पात्र बनते हैं।

5

मंगल कवचम्

अथ मंगल कवचम्

अस्य श्री मंगलकवचस्तोत्रमंत्रस्य कश्यप ऋषिः I
अनुष्टुप् छन्दः I अङ्गारको देवता I
भौम पीडापरिहारार्थं जपे विनियोगः I

रक्तांबरो रक्तवपुः किरीटी चतुर्भुजो मेषगमो गदाभृत् I
धरासुतः शक्तिधरश्च शूली सदा ममस्याद्वरदः प्रशांतः II १ II
अंगारकः शिरो रक्षेन्मुखं वै धरणीसुतः I
श्रवौ रक्तांबरः पातु नेत्रे मे रक्तलोचनः II २ II
नासां शक्तिधरः पातु मुखं मे रक्तलोचनः I
भुजौ मे रक्तमाली च हस्तौ शक्तिधरस्तथा II ३ II
वक्षः पातु वरांगश्च हृदयं पातु लोहितः I
कटिं मे ग्रहराजश्च मुखं चैव धरासुतः II ४ II
जानुजंघे कुजः पातु पादौ भक्तप्रियः सदा I
सर्वण्यन्यानि चांगानि रक्षेन्मे मेषवाहनः II ५ II
या इदं कवचं दिव्यं सर्वशत्रु निवारणम् I
भूतप्रेतपिशाचानां नाशनं सर्व सिद्धिदम् II ६ II
सर्वरोगहरं चैव सर्वसंपत्प्रदं शुभम् I
भुक्तिमुक्तिप्रदं नृणां सर्वसौभाग्यवर्धनम् II
रोगबंधविमोक्षं च सत्यमेतन्न संशयः II ७ II

II इति श्रीमार्कण्डेयपुराणे मंगलकवचं संपूर्ण II

6

श्री हनुमान कवच

श्री गणेशाय नमः।

ओम अस्य श्रीपंचमुख हनुम्त्कवचमंत्रस्य ब्रह्मा ऋषिः। गायत्री छंद्ः। पंचमुख विराट हनुमान देवता।

ह्रीं बीजम्। श्रीं शक्तिः। क्रौ कीलकम्। क्रूं कवचम्। क्रै अस्त्राय फ़ट्। इति दिग्बंध्ः।

अनुवाद - इस स्तोत्र के ऋषि ब्रह्मा हैं, छंद गायत्री है, देवता पंचमुख-विराट-हनुमानजी हैं, ह्रीं बीज है, श्रीं शक्ति है, क्रौं कीलक है, क्रूं कवच है और 'क्रैं अस्त्राय फट्' यह दिग्बन्ध है।

श्री गरूड उवाच्।।

अथ ध्यानं प्रवक्ष्यामि।

श्रुणु सर्वांगसुंदर। यत्कृतं देवदेवेन ध्यानं हनुमत्ः प्रियम्।।१।।

पंचकक्त्रं महाभीमं त्रिपंचनयनैर्युतम्।बाहुभिर्दशभिर्युक्तं सर्वकामार्थसिध्दिदम्।।२।।

अनुवाद - गरुडजी ने कहा, "हे सर्वांगसुंदर, देवाधिदेव को प्रिय और उनके द्वारा किया गया हनुमानजी का ध्यान कहता हूँ, सुनो। पाँच मुख वाले, अत्यन्त विशाल, पंद्रह नेत्र वाले ऐसे ये पंचमुख-हनुमानजी हैं| दस हाथों से युक्त, वे सकल काम एवं अर्थ इन पुरुषार्थों की सिद्धि कराने वाले हैं।

पूर्वतु वानरं वक्त्रं कोटिसूर्यसमप्रभम्। दंष्ट्राकरालवदनं भ्रुकुटीकुटिलेक्षणम्।।३।।

अस्यैव दक्षिणं वक्त्रं नारसिंहं महाद्भुतम्। अत्युग्रतेजोवपुष्पंभीषणम भयनाशनम्।।४।।

अनुवाद - इनका पूर्व दिशा का या पूर्व दिशा की ओर देखने वाला जो मुख है, वह वानरमुख है, जिसकी प्रभा (तेज) कोटि (करोडों) सूर्यों के जितनी है। उनका यह मुख भयकारक दाढ़ों वाला मुख है। भ्रुकुटि (भौंह) कुटिल (टेढी) है। इनका दक्षिण दिशा का या दक्षिण दिशा की तरफ देखने वाला जो मुख है, वह नारसिंहमुख है। वह अति उग्र तेज से युक्त है तथा भय का नाश करने वाला है।

पश्चिमं गारुडं वक्त्रं वक्रतुण्डं महाबलम्।सर्वनागप्रशमनं
विषभूतादिकृन्तनम्।।५।।
उत्तरं सौकरं वक्त्रं कृष्णं दिप्तं नभोपमम्।पातालसिंहवेतालज्वररोगादिकृन्तनम्।
ऊर्ध्वं हयाननं घोरं दानवान्तकरं परम्। येन वक्त्रेण विप्रेन्द्र तारकाख्यमं
महासुरम्।।७।।

अनुवाद- पश्चिम दिशा का अथवा पश्चिम दिशा में देखने वाला जो मुख है, वह गरुडमुख है| वह मुख महाबल है, बहुत ही सामर्थ्यवान है| सारे नागों का प्रशमन करने वाला, विषबाधा, भूतबाधा आदि बाधाओं का कृन्तन करने वाला ,उन्हें समूल नष्ट करने वाला ऐसा यह पंचमुख-हनुमानजी का गरुडानन है| उत्तर दिशा का या उत्तर दिशा में देखने वाला मुख यह वराहमुख है| वह कृष्ण वर्ण का (काले रंग का) है, तेजस्वी है, जिसकी उपमा आकाश के साथ की जा सकती है ऐसा है| पातालनिवासियों का प्रमुख रहने वाला वेताल और भूलोक में कष्ट पहुँचाने वालीं बीमारियों का प्रमुख रहने वाला ज्वर यानि बुखार को समूल नष्ट करने वाला ऐसा यह उत्तर दिशा का वराहमुख है| ऊर्ध्व दिशा का या ऊर्ध्व दिशा में देखने वाला जो मुख है, वह अश्वमुख है| हय यानी घोडा यह दानवों का नाश करने वाला ऐसा श्रेष्ठ मुख है| कोरोना भी तो एक प्रकार का दानव ही है। हे विप्रेन्द्र, तारकाख्य नाम के प्रचंड असुर को नष्ट कर देने वाला यह अश्वमुख है| सारे शत्रुओं का हरण करने वाले श्रेष्ठ पंचमुख-हनुमानजी की तुम शरण में रहो ।

जघानशरणं तस्यात्सर्वशत्रुहरं परम्।ध्यात्वा पंचमुखं रुद्रं हनुमन्तं
दयानिधिम्।।८।।
खड्गं त्रिशुलं खट्वांगं पाशमंकुशपर्वतम्। मुष्टिं कौमोदकीं वृक्षं धारयन्तं
कमण्डलुं।।९।।
भिन्दिपालं ज्ञानमुद्रा दशभिर्मुनिपुंगवम्। एतान्यायुधजालानि धारयन्तं
भजाम्यहम्।।१०।।

अनुवाद- रुद्र और दयानिधि इन दोनों रूपों में रहने वाले हनुमानजी का ध्यान करें और अब गरुडजी पंचमुख-हनुमानजी के दस आयुधों के बारे में बता रहे हैं । पंचमुख-हनुमानजी के हाथों में तलवार, त्रिशूल, खट्वाङ्ग, पाश, अंकुश,

पर्वत है। साथ ही मुष्टि , कौमोदकी गदा, वृक्ष और कमंडलु इन्हें भी पंचमुख-हनुमानजी ने धारण किया है । पंचमुख-हनुमानजी ने भिंदिपाल भी धारण किया है। भिंदिपाल लोहे से बना विलक्षण अस्त्र है| इसका प्रयोग दूर तक मार करने के लिए किया जाता है| पंचमुख-हनुमानजी का दसवाँ आयुध है, 'ज्ञानमुद्रा'। इस तरह दस आयुध और इन आयुधों के जाल उन्होंने धारण किये हैं। ऐसे इन मुनिपुंगव यानि मुनिश्रेष्ठ पंचमुख-हनुमानजी की मैं गरुड, स्वयं भक्ति करता हूँ।

प्रेतासनोपविष्टं तं सर्वाभरणभुषितम्।
दिव्यमाल्याम्बरधरं दिव्यगन्धानु लेपनम सर्वाश्चर्यमयं देवं
हनुमद्विश्वतोमुखम्।।११।।
पंचास्यमच्युतमनेकविचित्रवर्णवक्त्रं शशांकशिखरं कपिराजवर्यम्।
पीताम्बरादिमुकुटै रूप शोभितांगं पिंगाक्षमाद्यमनिशं मनसा स्मरामि।।१२।।

अनुवाद- वे प्रेतासन पर बैठे हैं, वे सारे अलंकारों से सुशोभित यानि सकल ऐश्वर्यों से विभूषित हैं। दिव्य मालाओं एवं दिव्य वस्त्र को उन्होंने धारण किया है| साथ ही दिव्यगंध का लेप उन्होंने बदन पर लगाया है। आश्चर्यों से भरे हुए ऐसे ये हमारे प्रभु हैं जिन्होंने विश्व में सब तरफ मुख किया है, ऐसे ये पंचमुख-हनुमानजी हैं। ऐसे ये पाँच मुख वाले, अच्युत और अनेक अद्भुत रंग के मुख वाले हैं। शश यानी खरगोश| शश जिसकी गोद में है ऐसा चन्द्र यानी शशांक| ऐसे शशांक को यानी चन्द्र को जिन्होंने माथे पर धारण किया है, यहाँ हनुमान जी के रुद्र रूप का वर्णन है। हनुमान जी कपियों में सर्वश्रेष्ठ हैं|वे पीतांबर धारण किये हुए हैं और, मुकुट आदि से जिनका अंग सुशोभित है। उन हनुमान जी का मैं स्मरण करता हूँ।

मर्कतेशं महोत्राहं सर्वशत्रुहरं परम्। शत्रुं संहर मां रक्ष श्री मन्नपदमुध्दर।।१३।।
ओम हरिमर्कट मर्केत मंत्रमिदं परिलिख्यति लिख्यति वामतले।
यदि नश्यति नश्यति शत्रुकुलं यदि मुंच्यति मुंच्यति वामलता।।१४।।

अनुवाद-हे प्रचंड उत्साही वानर श्रेष्ठ हनुमानजी, हे श्रीमन् पंचमुख-हनुमानजी, मेरे शत्रुओं का संहार कीजिए, मेरी रक्षा कीजिए। संकट में से मेरा उध्दार कीजिए। हर प्रकार के कष्टों से मेरी रक्षा कीजिये। महाप्राण हनुमानजी के बाँये पैर के तलवे के नीचे 'ॐ हरिमर्कटाय स्वाहा' यह जो लिखेगा, उसके केवल शत्रु का ही नहीं बल्कि शत्रुकुल का नाश हो जायेगा| वाम यह शब्द यहाँ पर वाममार्ग का यानी कुमार्ग का प्रतिनिधित्व करता है| वाममार्ग पर जाने की प्रवृत्ति, खिंचाव यानी वामलता| जैसे सुंदर से सुंदरता शब्द बना है , वैसे ही वामल से वामलता शब्द

को समझिए इस वामलता को यानी दुष्प्रवृत्ति को हनुमानजी समूल नष्ट कर देते हैं|

ओम हरिमर्कटाय स्वाहा ओम नमो भगवते पंचवदनाय पूर्वकपिमुखाय सकलशत्रुसंहारकाय स्वाहा।

ओम नमो भगवते पंचवदनाय दक्षिणमुखाय करालवदनाय नरसिंहाय सकलभूतप्रमथनाय स्वाहा।

ओम नमो भगवते पंचवदनाय पश्चिममुखाय गरूडाननाय सकलविषहराय स्वाहा।

ओम नमो भगवते पंचवदनाय उत्तरमुखाय आदिवराहाय सकलसंपत्कराय स्वाहा।

ओम नमो भगवते पंचवदनाय उर्ध्वमुखाय हयग्रीवाय सकलजनवशकराय स्वाहा।

ॐ श्रीपञ्चमुखहनुमन्ताय आञ्जनेयाय नमो नमः॥

आञ्जनेय श्री पञ्चमुख-हनुमानजी को पुनः पुनः नमस्कार ।

यहाँ पर श्री हनुमत कवच का मूल पाठ खत्म हो जाता है। इसके आगे अन्य निर्देश हैं ।

(ॐ अस्य श्री पञ्चमुख हनुमन्मन्त्रस्य श्रीरामचन्द्र ऋषिः । अनुष्टुप्छन्दः । पञ्चमुख वीरहनुमान् देवता । हनुमानिति बीजम् ।
वायुपुत्र इति शक्तिः । अञ्जनीसुत इति कीलकम् । श्रीरामदूत हनुमत्प्रसादसिद्ध्यर्थे जपे विनियोगः । इति ऋष्यादिकं विन्यसेत् ।)

ॐ अञ्जनीसुताय अङ्गुष्ठाभ्यां नमः । ॐ रुद्रमूर्तये तर्जनीभ्यां नमः । ॐ वायुपुत्राय मध्यमाभ्यां नमः ।

अग्निगर्भाय अनामिकाभ्यां नमः । ॐ रामदूताय कनिष्ठिकाभ्यां नमः । ॐ पञ्चमुखहनुमते करतलकरपृष्ठाभ्यां नमः ।

इति करन्यासः ।

ॐ अञ्जनीसुताय हृदयाय नमः । ॐ रुद्रमूर्तये शिरसे स्वाहा । ॐ वायुपुत्राय शिखायै वषट् । ॐ अग्निगर्भाय कवचाय हुम् ।

ॐ रामदूताय नेत्रत्रयाय वौषट् । ॐ पञ्चमुखहनुमते अस्त्राय फट् ।

पञ्चमुखहनुमते स्वाहा । इति दिग्बन्धः ।

अथ ध्यानम् । वन्दे वानर नारसिंह खगराट्क्रोडाश्व वक्त्रान्वितं दिव्यालङ्करणं

त्रिपञ्चनयनं देदीप्यमानं रुचा ।
हस्ताब्जैर सिखेटपुस्तक सुधाकुम्भांकुशाद्रिं हलं खट्वाङ्गं फणि भूरुहं दशभुजं सर्वारिवीरापहम् ।
अथ मन्त्रः । ॐ श्रीरामदूतायाञ्जनेयाय वायुपुत्राय महाबल पराक्रमाय सीतादुःखनिवारणाय लङ्कादहन कारणाय महाबलप्रचण्डाय फाल्गुनसखाय कोलाहलसकलब्रह्माण्डविश्वरूपाय सप्तसमुद्रनिर्लङ्घनाय पिङ्गलनयनायां अमितविक्रमाय सूर्यबिम्बफलसेवनाय दुष्टनिवारणाय दृष्टि निरालङ्कृताय सञ्जीविनी सञ्जीविताङ्गदलक्ष्मण महाकपिसैन्यप्राणदाय

दशकण्ठविध्वंसनाय रामेष्टाय महाफाल्गुनसखाय सीतासहित- रामवरप्रदाय षट्प्रयोगागम पञ्चमुखवीरहनुमन्मन्त्रजपे विनियोगः । ॐ हरिमर्कटमर्कटाय बंबंबंबंबं वौषट् स्वाहा । ॐ हरिमर्कटमर्कटाय फंफंफंफंफं फट् स्वाहा ।
ॐ हरिमर्कटमर्कटाय खें खें खें खें खें मारणाय स्वाहा । ॐ हरिमर्कटमर्कटाय लुं लुं लुं लुं लुं आकर्षित सकल सम्पत्कराय स्वाहा । ॐ हरिमर्कटमर्कटाय धं धं धं धं धं शत्रुस्तम्भनाय स्वाहा । ॐ टं टं टं टं टं कूर्ममूर्तये पञ्चमुखवीरहनुमते परयन्त्रपरतन्त्रोच्चाटनाय स्वाहा ।
ॐ कं खं गं घं ङं चं छं जं झं ञं टं ठं डं ढं णं तं थं दं धं नं पं फं बं भं मं यं रं लं वं शं षं सं हं ळं क्षं स्वाहा । इति दिग्बन्धः ।
ॐ पूर्वकपिमुखाय पञ्चमुख हनुमते टं टं टं टं टं सकल शत्रु संहरणाय स्वाहा ।
ॐ दक्षिणमुखाय पञ्चमुख हनुमते करालवदनाय नरसिंहाय ॐ ह्रां ह्रीं ह्रूं ह्रैं ह्रौं ह्रः सकलभूतप्रेतदमनाय स्वाहा ।
ॐ पश्चिममुखाय गरुडाननाय पञ्चमुखहनुमते मंमंमंमंमं सकलविषहराय स्वाहा । ॐ उत्तरमुखायादिवराहाय लं लं लं लं लं नृसिंहाय नीलकण्ठमूर्तये पञ्चमुखहनुमते स्वाहा । ॐ उध्र्वमुखाय हयग्रीवाय रुंरुंरुंरुंरुं रुद्रमूर्तये सकलप्रयोजन निर्वाहकाय स्वाहा ।
ॐ अञ्जनीसुताय वायुपुत्राय महाबलाय सीताशोकनिवारणाय श्रीरामचन्द्र कृपापादुकाय महावीर्य प्रमथनाय ब्रह्माण्डनाथाय कामदाय पञ्चमुखवीरहनुमते स्वाहा ।
भूतप्रेतपिशाचब्रह्मराक्षस शाकिनीडाकिन्यन्तरिक्षग्रह- परयन्त्रपरतन्त्रोच्चटनाय स्वाहा ।
सकलप्रयोजननिर्वाहकाय पञ्चमुखवीरहनुमते श्रीरामचन्द्रवरप्रसादाय जंजंजंजंजं स्वाहा ।

इदं कवचं पठित्वा तु महाकवचं पठेन्नरः । एकवारं जपेत्स्तोत्रं सर्वशत्रुनिवारणम् ॥ १५॥ द्विवारं तु पठेन्नित्यं पुत्रपौत्रप्रवर्धनम् । त्रिवारं च पठेन्नित्यं सर्वसम्पत्करं शुभम् ॥

१६॥ चतुर्वारं पठेन्नित्यं सर्वरोगनिवारणम् । पञ्चवारं पठेन्नित्यं सर्वलोकवशङ्करम् ॥ १७॥ षड्वारं च पठेन्नित्यं सर्वदेववशङ्करम् । सप्तवारं पठेन्नित्यं सर्वसौभाग्यदायकम् ॥ १८॥ अष्टवारं पठेन्नित्यमिष्टकामार्थसिद्धिदम् ।

नववारं पठेन्नित्यं राजभोगमवाप्नुयात् ॥ १९॥ दशवारं पठेन्नित्यं त्रैलोक्यज्ञानदर्शनम् । रुद्रावृत्तिं पठेन्नित्यं सर्वसिद्धिर्भवेद्ध्रुवम् ॥ २०॥ निर्बलो रोगयुक्तश्च महाव्याध्यादिपीडितः । कवचस्मरणेनैव महाबलमवाप्नुयात् ॥

इति श्रीसुदर्शनसंहितायां श्रीरामचन्द्रसीताप्रोक्तं श्रीपञ्चमुखहनुमत्कवचं सम्पूर्णम् ॥

7

ऋणमोचक मंगल स्तोत्र

(श्री स्कन्द पुराण में वर्णित मंगल स्त्रोत का नित्य श्रद्धा पूर्वक पाठ करने से मंगल के अशुभ प्रभावों तथा ऋण से मुक्ति मिलती है।)

मंगलो भूमिपुत्रश्च ऋणहर्ता धनप्रदः ।
स्थिरामनो महाकायः सर्वकर्मविरोधकः ।।
लोहितो लोहिताक्षश्च सामगानां। कृपाकरं।
वैरात्मजः कुजौ भौमो भूतिदो भूमिनंदनः ।।
धरणीगर्भसंभूतं विद्युत्कान्तिसमप्रभम् ।
कुमारं शक्तिहस्तं च मंगलं प्रणमाम्यहम्।।
अंगारको यमश्चैव सर्वरोगापहारकः।
वृष्टेः कर्ताऽपहर्ता च सर्वकामफलप्रदः।।
एतानि कुजनामानि नित्यं यः श्रद्धया पठेत्।
ऋणं न जायते तस्य धनं शीघ्रमवाप्नुयात् ।।
स्तोत्रमंगारकस्यैतत्पठनीयं सदा नृभिः।
न तेषां भौमजा पीडा स्वल्पाऽपि भवति क्वचित्।।
अंगारको महाभाग भगवन्भक्तवत्सल।
त्वां नमामि ममाशेषमृणमाशु विनाशयः।।
ऋणरोगादिदारिद्रयं ये चान्ये ह्यपमृत्यवः।
भयक्लेश मनस्तापाः नश्यन्तु मम सर्वदा।।
अतिवक्र दुराराध्य भोगमुक्तजितात्मनः।
तुष्टो ददासि साम्राज्यं रुष्टो हरसि तत्क्षणात्।।
विरञ्चि शक्रादिविष्णूनां मनुष्याणां तु का कथा।

तेन त्वं सर्वसत्वेन ग्रहराजो महाबलः।।
पुत्रान्देहि धनं देहि त्वामस्मि शरणं गतः।
ऋणदारिद्रयं दुःखेन शत्रुणां च भयात्ततः।।
एभिद्र्वादशभिः श्लोकैर्यः स्तौति च धरासुतम्।
महतीं श्रियमाप्रोति ह्यपरा धनदो युवाः।।

।। इति श्रीस्कन्दपुराणे भार्गवप्रोक्त ऋणमोचन मंगलस्तोत्रम् ।।

8

श्री हनुमान स्तोत्र

वन्दे सिन्दूरवर्णाभं लोहिताम्बरभूषितम्।रक्ताङ्गरागशोभाढ्यं शोणापुच्छं कपीश्वरम्॥

सुशङ्कितं सुकण्ठभुक्तवान् हि यो हितं। वचस्त्वमाशु धैर्य्यमाश्रयात्र वो भयं कदापि न॥

भजे समीरनन्दनं, सुभक्तचित्तरञ्जनं, दिनेशरूपभक्षकं, समस्तभक्तरक्षकम् ।

सुकण्ठकार्यसाधकं, विपक्षपक्षबाधकं, समुद्रपारगामिनं, नमामि सिद्धकामिनम्॥१॥

सुशङ्कितं सुकण्ठभुक्तवान् हि यो हितं वचस्त्वमाशु धैर्य्यमाश्रयात्र वो भयं कदापि न ।

इति प्लवङ्गनाथभाषितं निशम्य वानराऽधिनाथ आप शं तदा, स रामदूत आश्रयः ॥ २॥

सुदीर्घबाहुलोचनेन, पुच्छगुच्छशोभिना, भुजद्वयेन सोदरीं निजांसयुग्ममास्थितौ।

कृतौ हि कोसलाधिपौ, कपीशराजसन्निधौ, विदहजेशलक्ष्मणौ, स मे शिवं करोत्वरम्॥३॥

सुशब्दशास्त्रपारगं, विलोक्य रामचन्द्रमाः, कपीश नाथसेवकं, समस्तनीतिमार्गगम्।

प्रशस्य लक्ष्मणं प्रति, प्रलम्बबाहुभूषितः कपीन्द्रसख्यमाकरोत्, स्वकार्यसाधकः प्रभुः॥४॥

प्रचण्डवेगधारिणं, नगेन्द्रगर्वहारिणं, फणीशमातृगर्वहृद्दृशास्यवासनाशकृत्।

विभीषणेन सख्यकृद्विदेह जातितापहृत्, सुकण्ठकार्यसाधकं, नमामि यातुधतकम्॥५॥

नमामि पुष्पमौलिनं, सुवर्णवर्णधारिणं गदायुधेन भूषितं, किरीटकुण्डलान्वितम्।
सुपुच्छगुच्छतुच्छलंकदाहकं सुनायकं विपक्षपक्षराक्षसेन्द्र-सर्ववंशनाशकम्॥६॥

रघूत्तमस्य सेवकं नमामि लक्ष्मणप्रियं दिनेशवंशभूषणस्य मुद्रीकाप्रदर्शकम्।
विदेहजातिशोकतापहारिणम् प्रहारिणम् सुसूक्ष्मरूपधारिणं नमामि दीर्घरूपिणम्॥७॥

नभस्वदात्मजेन भास्वता त्वया कृता महासहा यता यया द्वयोर्हितं ह्यभूत्स्वकृत्यतः।
सुकण्ठ आप तारकां रघूत्तमो विदेहजां निपात्य वालिनं प्रभुस्ततो दशाननं खलम्॥८॥

इमं स्तवं कुजेऽह्नि यः पठेत्सुचेतसा नरः कपीशनाथसेवको भुनक्तिसर्वसम्पदः।
प्लवङ्गराजसत्कृपाकताक्षभाजनस्सदा न शत्रुतो भयं भवेत्कदापि तस्य नुस्त्विह॥९॥

नेत्राङ्गनन्दधरणीवत्सरेऽनङ्गवासरे। लोकेश्वराख्यभट्टेन हनुमत्ताण्डवं कृतम् ॥ १०॥

ॐ इति श्री हनुमत्ताण्डव स्तोत्रम्॥

9

श्री हनुमत् स्तवन

प्रनवउँ पवन कुमार खेल बन पावक ज्ञान घन ।
जासु हृदय आगार बसहिं राम सर चाप धर ॥
अतुलितबलधामं हेमशैलाभदेहं दनुजवनकृशानुं ज्ञानिनामग्रगण्यम् ।
सकलगुणनिधानं वानराणामधीशं रघुपतिप्रियभक्तं वातजातं नमामि ॥
गोष्पदीकृतवारीशं मशकीकृतराक्षसम् ।
रामायणमहामालारत्नं बन्देनिलात्मजम् ॥
अंजनानन्दनम् वीरम् जानकीशोकनाशनम् ।
कपीशमक्षहन्तारम् बन्दे लङ्काभयंकरम् ॥
उल्लङ्घ्य सिन्धोः सलिलं सलीलम् यः शोकवह्निं जनकात्मजायाः ।
आदाय तेनैव ददाह लंका नमामि तं प्रांजलिरांजनेयम् ॥
मनोजवं मारुततुल्यवेगं जितेन्द्रियं बुद्धिमतां वरिष्ठं ।
वातात्मजं वानरयूथमुख्यं श्रीरामदूतं शरणं प्रपद्ये ॥
आंजनेयमतिपाटलाननं कांचनाद्रिकमनीयविग्रहम् ।
पारिजाततरुमूलवासिनम भावयामि पवमाननन्दनम् ॥
यत्र यत्र रगुनाथ कीर्तनं तत्र तत्र कृतमस्तकाञ्जिलाम ।
वाष्पवारिपरिपूर्णलोचनम् मारुतिं नमत राक्षसान्तकम् ॥

10

हनुमान चालीसा

दोहा

श्रीगुरु चरन सरोज रज, निज मनु मुकुरु सुधारि।
बरनऊं रघुबर बिमल जसु, जो दायकु फल चारि।।
बुद्धिहीन तनु जानिके, सुमिरौं पवन-कुमार।
बल बुद्धि बिद्या देहु मोहिं, हरहु कलेस बिकार।।

चौपाई

जय हनुमान ज्ञान गुन सागर। जय कपीस तिहुं लोक उजागर।।
रामदूत अतुलित बल धामा। अंजनि-पुत्र पवनसुत नामा।।
महाबीर बिक्रम बजरंगी। कुमति निवार सुमति के संगी।।
कंचन बरन बिराज सुबेसा। कानन कुंडल कुंचित केसा।।

हाथ बज्र औ ध्वजा बिराजै। कांधे मूंज जनेऊ साजै।
संकर सुवन केसरीनंदन। तेज प्रताप महा जग बन्दन।।
विद्यावान गुनी अति चातुर। राम काज करिबे को आतुर।।
प्रभु चरित्र सुनिबे को रसिया। राम लखन सीता मन बसिया।।

सूक्ष्म रूप धरि सियहिं दिखावा। बिकट रूप धरि लंक जरावा।।
भीम रूप धरि असुर संहारे। रामचंद्र के काज संवारे।।

लाय सजीवन लखन जियाये। श्रीरघुबीर हरषि उर लाये।।
रघुपति कीन्ही बहुत बड़ाई। तुम मम प्रिय भरतहि सम भाई।।

सहस बदन तुम्हरो जस गावैं। अस कहि श्रीपति कंठ लगावैं।।
सनकादिक ब्रह्मादि मुनीसा। नारद सारद सहित अहीसा।।
जम कुबेर दिगपाल जहां ते। कबि कोबिद कहि सके कहां ते।।
तुम उपकार सुग्रीवहिं कीन्हा। राम मिलाय राज पद दीन्हा।।

तुम्हरो मंत्र बिभीषन माना। लंकेस्वर भए सब जग जाना।।
जुग सहस्र जोजन पर भानू। लील्यो ताहि मधुर फल जानू।।
प्रभु मुद्रिका मेलि मुख माहीं। जलधि लांघि गये अचरज नाहीं।।
दुर्गम काज जगत के जेते। सुगम अनुग्रह तुम्हरे तेते।।

राम दुआरे तुम रखवारे। होत न आज्ञा बिनु पैसारे।।
सब सुख लहै तुम्हारी सरना। तुम रक्षक काहू को डर ना।।
आपन तेज सम्हारो आपै। तीनों लोक हांक तें कांपै।।
भूत पिसाच निकट नहिं आवै। महाबीर जब नाम सुनावै।।

नासै रोग हरै सब पीरा। जपत निरंतर हनुमत बीरा।।
संकट तें हनुमान छुड़ावै। मन क्रम बचन ध्यान जो लावै।।
सब पर राम तपस्वी राजा। तिन के काज सकल तुम साजा।
और मनोरथ जो कोई लावै। सोइ अमित जीवन फल पावै।।

चारों जुग परताप तुम्हारा। है परसिद्ध जगत उजियारा।।
साधु-संत के तुम रखवारे। असुर निकंदन राम दुलारे।।
अष्ट सिद्धि नौ निधि के दाता। अस बर दीन जानकी माता।।
राम रसायन तुम्हरे पासा। सदा रहो रघुपति के दासा।।

तुम्हरे भजन राम को पावै। जनम-जनम के दुख बिसरावै।।
अन्तकाल रघुबर पुर जाई। जहां जन्म हरि-भक्त कहाई।।
और देवता चित्त न धरई। हनुमत सेइ सर्ब सुख करई।।
संकट कटै मिटै सब पीरा। जो सुमिरै हनुमत बलबीरा।।

जै जै जै हनुमान गोसाईं। कृपा करहु गुरुदेव की नाईं।।
जो सत बार पाठ कर कोई। छूटहि बंदि महा सुख होई।।
जो यह पढ़ै हनुमान चालीसा। होय सिद्धि साखी गौरीसा।।
तुलसीदास सदा हरि चेरा। कीजै नाथ हृदय मंह डेरा।।

दोहा

पवन तनय संकट हरन, मंगल मूरति रूप।
राम लखन सीता सहित, हृदय बसहु सुर भूप।।

11

संकटमोचन हनुमानाष्टक

बाल समय रवि भक्षि लियो तब, तीनहुं लोक भयो अंधियारों।
ताहि सों त्रास भयो जग को, यह संकट काहु सों जात न टारो।
देवन आनि करी बिनती तब, छाड़ी दियो रवि कष्ट निवारो।
को नहीं जानत है जग में कपि, संकटमोचन नाम तिहारो ॥ १ ॥
बालि की त्रास कपीस बसैं गिरि, जात महाप्रभु पंथ निहारो।
चौंकि महामुनि साप दियो तब, चाहिए कौन बिचार बिचारो।
कैद्विज रूप लिवाय महाप्रभु, सो तुम दास के सोक निवारो।
को नहीं जानत है जग में कपि, संकटमोचन नाम तिहारो ॥ २॥
अंगद के संग लेन गए सिय, खोज कपीस यह बैन उचारो।
जीवत ना बचिहौ हम सो जु, बिना सुधि लाये इहाँ पगु धारो।
हेरी थके तट सिन्धु सबे तब,लाए सिया-सुधि प्राण उबारो ।
को नहीं जानत है जग में कपि, संकटमोचन नाम तिहारो॥ ३ ॥
रावण त्रास दई सिय को सब, राक्षसी सों कही सोक निवारो।
ताहि समय हनुमान महाप्रभु, जाए महा रजनीचर मरो।
चाहत सीय असोक सों आगि सु, दै प्रभुमुद्रिका सोक निवारो ॥ ४ ॥
बान लाग्यो उर लछिमन के तब, प्राण तजे सूत रावन मारो।
लै गृह बैद्य सुषेन समेत, तबै गिरि द्रोण सु बीर उपारो।
आनि सजीवन हाथ दिए तब, लक्ष्मण के तुम प्रान उबारो ॥ ५ ॥

रावन युद्ध अजान कियो तब, नाग की फाँस सबै सिर डारो।
श्रीरघुनाथ समेत सबै दल, मोह भयो यह संकट भारो I
आनि खगेस तबै हनुमान जु, बंधन काटि सुत्रास निवारो ॥ ६ ॥
बंधू समेत जबै अहिरावन, लै रघुनाथ पताल सिधारो।
देबिन्हीं पूजि भलि विधि सों बलि, देउ सबै मिलि मन्त्र विचारो।
जाये सहाए भयो तब ही, अहिरावन सैन्य समेत संहारो ॥ ७ ॥
काज किये बड़ देवन के तुम, वीर महाप्रभु देखि बिचारो।
को नहीं जानत है जग में कपि, संकटमोचन नाम तिहारो।
कौन सो संकट मोर गरीब को, जो तुमसे नहिं जात है टारो।
बेगि हरो हनुमान महाप्रभु, जो कछु संकट होए हमारो ॥ ८ ॥

॥ दोहा ॥

लाल देह लाली लसे, अरु धरि लाल लंगूर।
वज्र देह दानव दलन, जय जय जय कपि सूर ॥

12

बजरंग बाण

दोहा

निश्चय प्रेम प्रतीति ते, बिनय करैं सनमान।
तेहि के कारज सकल शुभ, सिद्ध करैं हनुमान॥

चौपाई

जय हनुमंत संत हितकारी। सुन लीजै प्रभु अरज हमारी॥
जन के काज बिलंब न कीजै। आतुर दौरि महा सुख दीजै॥
जैसे कूदि सिंधु महिपारा। सुरसा बदन पैठि बिस्तारा॥
आगे जाय लंकिनी रोका। मारेहु लात गई सुरलोका॥
जाय विभीषण को सुख दीन्हा। सीता निरखि परमपद लीन्हा॥
बाग उजारि सिंधु महँ बोरा। अति आतुर जमकातर तोरा॥
अक्षय कुमार को मारि संहारा। लूम लपेटि लंक को जारा॥
लाह समान लंक जरि गई। जय जय धुनि सुरपुर नभ भई॥
अब विलम्ब केहि कारण स्वामी। कृपा करहु उर अन्तर्यामी॥
जय जय लखन प्रान के दाता। आतुर ह्वै दुख करहु निपाता॥
जै हनुमान जयति बल-सागर। सुर-समूह-समरथ भट-नागर॥
ॐ हनु हनु हनु हनुमंत हठीले। बैरिहि मारु बज्र की कीले॥
ॐ ह्नीं ह्नीं ह्नीं हनुमंत कपीसा। ॐ हुं हुं हुं हनु अरि उर सीसा॥
जय अंजनि कुमार बलवंता। शंकरसुवन बीर हनुमंता॥
बदन कराल काल-कुल-घालक। राम सहाय सदा प्रतिपालक॥
भूत, प्रेत, पिसाच निसाचर। अग्नि - बेताल काल मारी मर॥

इन्हें मारु, तोहि सपथ राम की। राखु नाथ मरजाद नाम की॥
सत्य होहु हरि सपथ पाइ कै। राम दूत धरु मारु धाइ कै॥
जय जय जय हनुमंत अगाधा। दुख पावत जन केहि अपराधा॥
पूजा जप तप नेम अचारा। नहिं जानत कछु दास तुम्हारा॥
वन उपवन मग गिरि गृह माहीं। तुम्हरे बल हम डरपत नाहीं॥
जनकसुता हरि दास कहावौ। ताकी सपथ बिलंब न लावौ॥
जै जै जै धुनि होत अकासा। सुमिरत होय दुसह दुख नासा॥
चरन पकरि, कर जोरि मनावौं। यहि औसर अब केहि गोहरावौं॥
उठु, उठु, चलु, तोहि राम दुहाई। पायँ परौं, कर जोरि मनाई॥
ॐ चं चं चं चं चपल चलंता। ॐ हनु हनु हनु हनु हनुमंता॥
ॐ हं हं हाँक देत कपि चंचल। ॐ सं सं सहमि पराने खल-दल॥
अपने जन को तुरत उबारौ। सुमिरत होय आनंद हमारौ॥
यह बजरंग-बाण जेहि मारै। ताहि कहौ फिरि कौन उबारै॥
पाठ करै बजरंग-बाण की। हनुमत रक्षा करै प्रान की॥
यह बजरंग बाण जो जापैं। तासों भूत-प्रेत सब कापैं॥
धूप देय जो जपै हमेसा। ताके तन नहिं रहै कलेसा॥

दोहा

उर प्रतीति दृढ़, सरन ह्वै, पाठ करै धरि ध्यान।
बाधा सब हर, करैं सब काम सफल हनुमान॥

13

हनुमान जी की आरती

आरती कीजै हनुमान लला की। दुष्ट दलन रघुनाथ कला की।।
जाके बल से गिरिवर कांपे। रोग दोष जाके निकट न झांके।।
अंजनि पुत्र महाबलदायी। संतान के प्रभु सदा सहाई।
दे बीरा रघुनाथ पठाए। लंका जारी सिया सुध लाए।
लंका सो कोट समुद्र सी खाई। जात पवनसुत बार न लाई।
लंका जारी असुर संहारे। सियारामजी के काज संवारे।
लक्ष्मण मूर्छित पड़े सकारे। आणि संजीवन प्राण उबारे।
पैठी पताल तोरि जमकारे। अहिरावण की भुजा उखाड़े।
बाएं भुजा असुर दल मारे। दाहिने भुजा संतजन तारे।
सुर-नर-मुनि जन आरती उतारे। जै जै जै हनुमान उचारे।
कंचन थार कपूर लौ छाई। आरती करत अंजना माई।
लंकविध्वंस कीन्ह रघुराई। तुलसीदास प्रभु कीरति गाई।
जो हनुमानजी की आरती गावै। बसी बैकुंठ परमपद पावै।
आरती कीजै हनुमान लला की। दुष्ट दलन रघुनाथ कला की।

14

मंगलवार की पावन आरती

मंगल मूरति जय जय हनुमंता, मंगल-मंगल देव अनंता।
हाथ व्रज और ध्वजा विराजे, कांधे मूंज जनेऊ साजे।

शंकर सुवन केसरी नंदन, तेज प्रताप महा जगवंदन।
लाल लंगोट लाल दोऊ नयना, पर्वत सम फारत है सेना।

काल अकाल जुद्ध किलकारी, देश उजारत क्रुद्ध अपारी।
रामदूत अतुलित बलधामा, अंजनि पुत्र पवनसुत नामा।

महावीर विक्रम बजरंगी, कुमति निवार सुमति के संगी।
भूमि पुत्र कंचन बरसावे, राजपाट पुर देश दिवावे।

शत्रुन काट-काट महिं डारे, बंधन व्याधि विपत्ति निवारे।
आपन तेज सम्हारो आपै, तीनों लोक हांक ते कांपै।

सब सुख लहैं तुम्हारी शरणा, तुम रक्षक काहू को डरना।
तुम्हरे भजन सकल संसारा, दया करो सुख दृष्टि अपारा।

रामदण्ड कालहु को दण्डा, तुम्हरे परसि होत जब खण्डा।
पवन पुत्र धरती के पूता, दोऊ मिल काज करो अवधूता।

हर प्राणी शरणागत आए, चरण कमल में शीश नवाए।
रोग शोक बहु विपत्ति घराने, दुख दरिद्र बंधन प्रकटाने।

तुम तज और न मेटनहारा, दोऊ तुम हो महावीर अपारा।
दारिद्र दहन ऋण त्रासा, करो रोग दुख स्वप्न विनाशा।

शत्रुन करो चरन के चेरे, तुम स्वामी हम सेवक तेरे।
विपति हरन मंगल देवा, अंगीकार करो यह सेवा।

मुद्रित भक्त विनती यह मोरी, देऊ महाधन लाख करोरी।

श्रीमंगलजी की आरती हनुमत सहितासु गाई।
होई मनोरथ सिद्ध जब अंत विष्णुपुर जाई।

15

श्रीराम स्तुति -I

(यदि आप श्री हनुमान जी की को प्रसन्न करना चाहते हैं तो सबके स्वामी प्रभु श्री राम की पूजा सबसे आवश्यक है। श्री राम अत्यंत कृपालु हैं तथा अपने भक्तो के कष्टों को तुरंत दूर करते हैं। उनकी कृपा से ही मनुष्य को सभी पापों से शीघ्र मुक्ति मिलती है।)

श्री रामचंद्र कृपालु भजमन हरण भवभय दारुणम्।
नवकंज लोचन कंज मुख कर कंज पद कन्जारुणम्।।
कंदर्प अगणित अमित छवि नव नील नीरज सुन्दरम्।
पट्पीत मानहु तडित रूचि शुचि नौमी जनक सुतावरम्।।
भजु दीनबंधु दिनेश दानव दैत्यवंश निकंदनम्।
रघुनंद आनंद कंद कौशल चंद दशरथ नन्दनम्।।
सिर मुकुट कुण्डल तिलक चारु उदारू अंग विभूषणं।
आजानु भुज शर चाप धर संग्राम जित खर-धूषणं।।
इति वदति तुलसीदास शंकर शेष मुनि मन रंजनम्।
मम ह्रदय कुंज निवास कुरु कामादी खल दल गंजनम्।।

छंद

मनु जाहिं राचेऊ मिलिहि सो बरु सहज सुंदर सावरों।
करुना निधान सुजान सिलू सनेहू जानत रावरो।।
एही भांति गौरी असीस सुनी सिय सहित हिय हरषी अली।
तुलसी भवानी पूजि पूनी पूनी मुदित मन मंदिर चली।।

।।सोरठा।।

जानि गौरी अनुकूल सिय हिय हरषु न जाइ कहि।

मंजुल मंगल मूल वाम अंग फरकन लगे।।

16

लाल किताब के अनुसार मंगल ग्रह

नव ग्रहों में मंगल को सेनापति की संज्ञा दी गयी है। शारीरिक तौर पर मंगल से प्रभावित जातक स्वस्थ, और मध्य लंबे कद के होते हैं। कमर पतली छाती चैड़ी, बाल घुंघराले, आंखे लाल होती हैं। उनके चेहरे पर तेज होता है। मंगल मेष एवं वृश्चिक राशि का स्वामी है। मृगशिरा, चित्रा और धनिष्ठा नक्षत्रों का स्वामित्व भी मंगल को ही प्राप्त है। मंगल तृतीय एवं षष्ठ भाव का कारक है। मिथुन लग्न और कन्या लग्न की कुंडली में यह विशेष अकारक ग्रह बन जाता है। मंगल मकर राशि में उच्च और कर्क राशि में नीच का होता है। लग्न कुंडली में मंगल जिस भाव में स्थिति होता है उस भाव से संबंधित कार्यों को अपनी प्रकृति के अनुसार सुदृढ़ करता है।

शुभ मंगल मंगलकारी और अशुभ मंगल अमंगलकारी कार्य करता है। मंगल शक्ति, साहस, सेनाध्यक्ष, युद्ध, दुर्घटना, क्रोध, षड्यंत्र, बीमारियों, शत्रु, विपक्ष, विवाद, संपत्ति, छोटे भाई, नेता, पुलिस, डाक्टर, वैज्ञानिक, मेकैनिकल इंजीनियरिंग, इलेक्ट्रिकल, इलेक्ट्रॉनिक कार्यों का कारक ग्रह है। मंगल तांबे, खनिज पदार्थों, कच्ची धातु, सोने, मूंगे, हथियार, भूमि आदि का प्रतिनिधित्व करता है। मंगल शिराओं, धमनियों टूट-फूट, अस्थि-मज्जा के रोग, रक्त स्राव, गर्भपात, मासिक धर्म में अनियमितता, सूजाक, गठिया, और जलना आदि रोगों का प्रतीक है। अशुभ मंगल अमंगलकारी हो जाता है जिसके प्रभाव से प्रभावित जातक क्रोधी, आतंकवादी, दुराचारी, षड्यंत्रकारी और विद्रोही होता है। मंगल की क्रूरता के कारण ही वर-वधू की कुंडली में मंगली मिलान आवश्यक होता है।

दाम्पत्य जीवन सुखमय हो इसके लिए वर-वधू दोनों की कुंडली में मंगल की स्थिति को देख कर मिलान किया जाता है।

लाल किताब में अशुभ अर्थात बद मंगल को वीरभद्र की संज्ञा दी गई है और माना गया है कि मंगल जातक का स्वास्थ्य ठीक नहीं रहेगा और वह स्वभाव से जिद्दी एवं उग्र हो सकता है। चतुर्थ भाव से सुख, संपत्ति, भूमि, भवन, वाहन एवं उपभोग में आने वाली भौतिक सामग्री का आकलन किया जाता है। चतुर्थ भाव में मंगल हो अथवा उस पर उसकी दृष्टि पड़े, तो इन फलों में कमी आएगी। सप्तम भाव से जीवनसाथी और रतिसुख की विवेचना की जाती है

यदि मंगल सप्तम में हो या उस पर क्रूर दृष्टि डाल रहा हो, तो पारिवारिक व वैवाहिक जीवन सुखमय नहीं रहेगा, विधुर-विधवा योग भी घटित हो सकते हैं। अष्टम भाव से आयु तथा जीवन में आने वाली बाधाओं का विचार किया जाता है। इस भाव से मंगल दोष बने अथवा इस पर मंगल की दृष्टि पड़े, तो अनेकानेक बाधाओं का सामना करना पड़ता है और अनिष्ट की संभावनाएं तथा जीवन साथी की मृत्यु की भी आशंकाएं रहती हैं।

द्वादश भाव से शय्या सुख, व्यय, हानि, शासन दंड, कारावास, बदनामी आदि का विचार किया जाता है

यदि मंगल इस भाव से संबंध स्थापित करता हो या इसमें स्थित हो, तो अनावश्यक व्यय, मन में चिंता, परेशानियां, नींद का अभाव आदि होते हैं। इस प्रकार मंगल की अलग-अलग भावों में स्थिति के फल अलग-अलग फल होते हैं। किंतु यह सर्वमान्य सत्य है कि वैवाहिक सुख ऊपर वर्णित भावों से पूर्णतया संबद्ध है। वैवाहिक सुख में शरीर, मन, रति सुख एवं काम क्रीड़ा की अपनी विशेष महत्ता है। मंगल दोष वैवाहिक जीवन में सर्वाधिक बुरा प्रभाव डालता है जबकि मंगल, शनि, राहु, केतु एवं सूर्य से बनने वाले कुयोग कम प्रभावशाली होते हैं।

लाल किताब में भी यह माना गया है कि मंगल दोष अपना सर्वाधिक बुरा प्रभाव सप्तम व अष्टम भावों में दिखाता है जबकि व्यय भाव में इसका प्रभाव कम होता है। मूलतः यह माना जाता है कि मंगल दोष कुटुंब सुख में बाधक होता है क्योंकि अग्नि तत्व प्रधान होने के कारण मंगल साधारण ग्रहों से प्रभावित नहीं हो पाता। फलतः जातक में क्रोध, चिड़चिड़ापन, हठधमिर्त ा, कामान्धता, वैचारिक मतभेद आदि बढ़ जाते हैं, जिससे पारिवारिक जीवन दुखद हो जाता है। लाल किताब में बताए गए दोष निवारण के उपाय एवं बद (अशुभ) ग्रहों को निष्क्रिय करने अथवा शुभत्व प्रदान करने के सुझाव अत्यंत प्रभावशाली हैं जिन्हें एक सामान्य इन्सान, आर्थिक रूप से विपन्न व्यक्ति भी, आसानी से कर के लाभान्वित हो सकता है।

मंगल ग्रह के कारक तत्व

लाल किताब के अनुसार मंगल साहस, ऊर्जा, पराक्रम और शौर्य का कारक होता है। यदि किसी व्यक्ति की कुंडली में मंगल की स्थिति शुभ हो तो इनमें वृद्धि होती है। यह पताशे, मिठाई, सोना, मूंगा, लाल मसूर की दाल, अख़रोट, गुड़ की रेवड़ी जैसी वस्तुओं व लाल गुलाब, लाल रंग, मनुष्य का उपरी होंठ, रक्त आदि का प्रतिनिधित्व करता है। यदि किसी व्यक्ति की कुंडली में मंगल की स्थिति अशुभ हो तो उसे रक्त या खोपड़ी संबंधी बीमारियां हो सकती हैं। ऐसे व्यक्ति के करियर व दाम्पत्य जीवन में भी अनेक समस्याएं आती हैं। मंगल ग्रह के दुष्प्रभाव से बचने के लिए आप अनंत मूल स्थापित या धारण कर सकते हैं। इसके अलावा आप तीन मुखी रुद्राक्ष (Three Faced Rudraksha) और मूंगा रत्न (Red Coral) भी धारण कर सकते हैं।

मंगल ग्रह का संबंध

लाल किताब के अनुसार मंगल ग्रह का संबंध निम्न चीज़ों से है:

व्यवसाय: पुलिस, सेना, मेकेनिकल, कैमिस्ट, नाई, लोहार, राजमिस्त्री, खिलाड़ी, मशीन या इलेक्ट्रॉनिक्स संबंधी व्यवसाय और इंजीनियर।

रोग: विषजनित, रक्त, खोपड़ी व प्रजनन संबंधी रोग, चोट लगना, अंग का कट जाना, अण्डकोष, कुष्ठ, खुजली, रक्तचाप, अल्सर, ट्यूमर, कैंसर, बवासीर और फोड़-फुंसी।

पशु-पक्षी: मेमना, बंदर, भेड़, शेर, भेड़िया, सुअर, कुत्ता, चमगादड़ व सभी लाल पक्षी।

शुभ रंग: शौर्यता, वीरता और रक्त का प्रतीक होने के कारण लाल (Red) इसका शुभ रंग है।

संबंधित रिश्तेदार: भाई, साले या मित्र

मित्र ग्रह: राहु, सूर्य, चंद्र और बृहस्पति

शत्रु ग्रह: बुध और केतु

मंगल ग्रह का प्रभाव: मंगल शुभ और मंगल अशुभ

लाल किताब के अनुसार मंगल के नकारात्मक और सकारात्मक दोनों तरह के प्रभाव हो सकते हैं। लाल किताब में दो तरह के मंगल की चर्चा की गई है। एक मंगल नेक यानी अच्छा मंगल (जिसके स्वामी हनुमान जी हैं) और दूसरा मंगल बद यानी बुरा मंगल (जिसका स्वामी जिन्न है)। जिस व्यक्ति की कुंडली में मंगल शुभ स्थिति में हो उस पर मंगल नेक का प्रभाव पड़ता है और जिस व्यक्ति की कुंडली में मंगल अशुभ स्थिति में हो उस पर मंगल बद का प्रभाव पड़ता है। मंगल

यदि अपने मित्र ग्रहों के साथ हो तो बली होता है जबकि शत्रु ग्रहों के साथ होने पर मंगल अशुभ होता है और जातक पर बुरा प्रभाव पड़ता है।

मंगल शुभः सूर्य और बुध मिलकर मंगल को शुभ बनाते हैं। मंगल का 10वें भाव में होना शुभ माना जाता है। मंगल नेक वाला व्यक्ति साहसी, बुद्धिमान और पराक्रमी होता है। वह पुलिस, सेना या सुरक्षाकर्मी जैसा व्यवहार रखता है। किसी बड़ी कंपनी में उच्च पद पर आसीन होता है। वह चुनौतियों से घबराता नहीं है। उनका डटकर सामना करता है। वह अपने जीवन में बहुत तरक्की करता है। इसका असर न केवल उस पर बल्कि उसके पूरे परिवार पर भी दिखता है। मंगल नेक वाले वक्ति के भाई-बहन भी अपने जीवन में बहुत तरक्की करते हैं।

मंगल अशुभः सूर्य और शनि मिलकर मंगल बद बनाते हैं। मंगल यदि बुध या केतु के साथ हो तो अशुभ माना जाता है। चौथे व आठवें भाव में भी मंगल अशुभ माना जाता है। यदि किसी भाव में मंगल अकेला हो तो वह भूखे शेर की तरह होता है जिसका आप पर बुरा प्रभाव पड़ता है। मंगल बद वाले व्यक्ति को अपने जीवन में अनेक कठिनाइयों का सामना करना पड़ता है। उसे बड़े भाई और परिवार का सुख नहीं मिलता। शादी में रुकावट आती है। शादी हो जाए तो भी अनेक समस्याएं आती हैं। उसे संतान सुख नहीं मिलता। यदि संतान हो भी जाए तो उसकी सेहत अच्छी नहीं रहती। मंगल अशुभ वाले व्यक्ति को शिक्षा, करियर, प्रेम, विवाह, वित्त, स्वास्थ्य आदि हर क्षेत्र में संघर्ष करना पड़ता है।

मंगल के बारे में विशेष बातें:

1. इसका दिन मंगलवार है।
2. मंगल की दिशा दक्षिण है।
3. यह एक राशि में 45 दिनों तक रहता है।
4. इस ग्रह की प्रकृति निश्चित रूप से उग्र है और यह बहुत आक्रामक होने के लिए जाना जाता है।
5. मृगशिरा, धनिष्ठा और चित्रा के नक्षत्र मंगल द्वारा शासित हैं।
6. मंगल के अनुकूल ग्रह बृहस्पति, चंद्रमा और सूर्य हैं।
7. मकर राशि में यह ग्रह उच्च का है।
8. कर्क राशि में यह ग्रह वक्री है।
9. आक्रोश इसका विशेष लक्षण है।
10. लाल मूंगा इसके कमजोर प्रभाव को कम करता है।

11. तांबा मंगल ग्रह द्वारा शासित धातु है।
12. इस ग्रह की विमषोत्री महादशा 7 वर्ष की है।
13. बेचैनी, खून की समस्या और तनाव मंगल द्वारा दी जाने वाली प्रमुख बीमारियाँ हैं।

17

लाल किताब के अनुसार विभिन्न भावों में मंगल ग्रह के प्रभाव एवं उपाय

लाल किताब के अनुसार मंगल एक ऐसा ग्रह है जो अपने नाम के अनुरूप मंगलकारी भी है और नाश करने वाला भी है। हालाँकि मंगल ग्रह को लेकर, लोगों की धारणाएँ ज्यादातर नकारात्मक ही रहती है। लाल किताब में सूर्य, चंद्रमा और बृहस्पति ग्रह को मंगल का मित्र और बुध ग्रह को शत्रु बताया गया है। वैदिक ज्योतिष में जहाँ मंगल ग्रह मेष और वृश्चिक का स्वामी है। वहीं लाल किताब में इसे पहले और आठवें भाव का मालिक कहा गया है।

पहले भाव में फल:

पहले घर में स्थित मंगल ग्रह जातक को उम्र के 28 वर्ष से अच्छे स्वभाव वाला, सच्चा और अमीर बनाता है। उसे सरकार से सहयोग मिलता है और वह अधिक प्रयास के बिना दुश्मनों पर जीत हासिल करता है। जातक शनि से संबंधित व्यवसायों जैसे लोहा, लकडी और मशीनरी आदि के माध्यम से खूब धनार्जन करता है और शनि से संबंधित रिश्तेदार जैसे, भतीजे, पोते, मामा/चाचा आदि के लिए ऐसे जातक से मिला सहज श्राप कभी बेकार नहीं जाता। शनि और मंगल की युति जातक को शारीरिक कष्ट देती है।

उपायः

(1) मुफ्त के उपहार या दान स्वीकार नहीं करना चाहिए।

(2) बुरे कामों और झूठ से बचें।

(3) संतों और फकीरों की संगति बहुत हानिकारक साबित होगी,अतः उनसे बचें।

(4) हाथीदांत की चीजें बहुत प्रतिकूल प्रभाव देंगी, अतः उनसे बचाव करें।

दूसरे भाव में फलः

दूसरे भाव में स्थित मंगल वाला जाता आमतौर पर अपने माता पिता की बडी संतान होता है अन्यथा उसके साथ बडे के जैसे बर्ताव किया जाएगा। लेकिन रहने एक छोटे भाई की तरह रहना और बर्ताव करना जातक के बहुत फायदेमंद और कई बुराइयों को अपने आप नष्ट करता है। इस घर का मंगल जातक को ससुराल से बहुत धन-संपदा दिलवाता है। यहां पर स्थित अशुभ मंगल ग्रह जातक को इंशान के रूप में दूसरों के लिए साँप सदृश बनाता है और यह स्थिति किसी युद्ध या झगड़े में जात्क की मृत्यु का कारण बनता है। दूसरे घर में बुध के साथ स्थित मंगल जातक की इच्छा शक्ति को कमजोर और उसके महत्त्व को कमजोर करने वाला बनाता है।

उपायः

(1) चंद्रमा से जुडे व्यवसाय जैसे कपड़े का व्यापार आदि करने से चंद्रमा मजबूत होता है जिससे जातक को ऐसे व्यापार में बडी समृद्धि मिलती है।

(2) सुनिश्चित करें कि आपके ससुराल वाले आम लोगों के लिए पीने के पानी की सुविधा और व्यवस्था करें।

(3) घर में हिरण त्वचा रखें।

तीसरे भाव में फलः

तीसरा भाव मंगल और बुध से प्रभावित भाव होता है, जो जातक को भाइयों और बहनों की प्राप्ति करवाता है। वह अपने माता-पिता की अकेली संतान नहीं होगा। दूसरो को जातक से खूब लाभ मिलेगा लेकिन स्वयं जातक को दूसरों से लाभ नहीं मिलेगा। अपनी विनम्रता के कारण जातक लाभान्वित और पुरस्कृत होगा। जातक की शादी के बाद जातक के ससुराल वाले अमीर और अमीर होते जाएंगे। जातक खाओं पियो और मस्त रहो के सिद्धांत में विश्वास करेगा लेकिन रक्त विकारों से ग्रस्त रहेगा।

उपायः

(1) नरम दिल बनें और अहंकार से बचें। समृद्धि प्राप्ति के लिए भाइयों के लिए अच्छे बनें।

(2) आप के साथ हाथीदांत की वस्तुएं रखें।

(3) बाएं हाथ में चांदी की अंगूठी पर पहनें।

चतुर्थ भाव में फल:

चतुर्थ भाव समग्र चंद्रमा की संपत्ति है। इस घर में मंगल ग्रह की आग और गर्मी चंद्रमा के ठंडे पानी को जला देती है। चंद्रमा के गुण प्रतिकूल प्रभावी हो जाते हैं। जातक अपने मन की शांति खो देता है और दूसरों से ईर्ष्या करने लगता है। वह हमेशा अपने छोटे भाई के साथ बुरा बर्ताव करता है। जातक की बुरी योजना बहुत बडी विनाशकारी शक्तियां प्राप्त कर लेती है। इस प्रकार का जातक अपनी माँ, पत्नी, सास आदि के जीवन के लिए बहुत प्रतिकूल प्रभावी होता है। जातक का गुस्सा उसके जीवन के विभिन्न पहलुओं के विनाश का कारण बन जाता है।

उपाय:

(1) किसी बरगद के पेड़ की जड़ों पर मीठा दूध चढाएं और वहां की गीली मिट्टी को अपनी नाभि पर लगाएं।

(2) आग से तबाही से बचने के लिए, अपने घर, दुकान या कारखाने की छत पर चीनी की खाली बैग (बोरे) रखें।

(3) हमेशा आपने साथ चांदी का एक चौकोर टुकड़ा रखें।

(4) काले, काने और विकलांग व्यक्ति से दूर रहें।

पंचम भाव में फल:

पंचम भाव मंगल के नैसर्गिक मित्र सूर्य का घर है। अतैव इस घर में मंगल बहुत अच्छे परिणाम देता है। जातक के पुत्र उसकी प्रसिद्धि और धनार्जन के माध्यम बनते हैं। जातक की समृधि पुत्र प्राप्ति के बाद कई गुना बढ़ जाती है। शुक्र और चंद्रमा का प्रतिनिधित्व करने वाली वस्तुएं और रिश्तेदार को हर तरीके से फायदेमंद साबित होंगे। जातक के पूर्वजों में से कोई चिकित्सक या वैद्य रहा होगा। जातक की उम्र के साथ उसकी समृधि भी बढती जाती है। लेकिन विपरीत लिंगी के साथ भावनात्मक लगाव और रोमांस जातक के लिए अत्यधिक विनाशकारी साबित होंगे और जातक की मानसिक शांति और रातों की नीद खराब करने के कारण बनेंगे।

उपाय:

(1) अपना नैतिक चरित्र अच्छा बनाए रखें।

(2) रात को अपने बिस्तर के सिरहने एक बर्तन में पानी रखें और सुबह उसे किसी गमले में डाल दें।

(3) अपने पूर्वजों की श्राद्ध करें और घर में एक नीम के पेड़ लगाएं।

षष्ठम (छठे) भाव में फल:

षष्ठम भाव बुध और केतू का होता है। दोनो आपस में शत्रु है और मंगल के लिए हानिकारक हैं। इस लिए इस भाव में सूर्य अपने आपको इन दोनो ग्रहों से दूर रखता है। इसलिए जातक साहसी, जोखिम उठाने वाला न्यायप्रिय और पानी में आग लगाने के लिए पर्याप्त शक्ति रखने वाला होता है। बुध से संबंधित व्यापार-व्यवसाय जातक के लिए अत्यधिक लाभकारी सिद्ध होंगे। उसकी कलम में तलवार से ज्यादा ताकत होगी। यदि सूर्य, शनि और मंगल इसी घर में साथ हैं तो जातक के भाई, मां, बहन और पत्नी पर प्रतिकूल प्रभाव पडेगा।

उपाय:

(1) बेटे के जन्म के समय मिठाई की जगह पर नमक बांटें।

(2) जातक के भाइयों को चाहिए कि अपनी सुरक्षा और समृद्धि के लिए वो जातक को खुश रखें और इसके लिए वो जातक को कोई वस्तु या और कुछ देते रहें। लेकिन यदि जातक ऐसी चीजें स्वीकार नहीं करता तो वो चीजें पानी में फेंक देनी चाहिए।

(3) जातक के लड़कों को सोना नहीं पहनना चाहिए।

(4) परिवारिक सुख के लिए शनि के उपाय अपनाएं। माता पिता के स्वास्थ्य और दुश्मनों के विनाश के लिए गणेश जी की पूजा करें।

सप्तम भाव में फल:

सप्तम भाव शुक्र और बुध, के प्रभाव के अंतर्गत आता है जो कि आपस में मिलकर सूर्य का फल देते हैं। यदि मंगल सातवें भाव में है तो सातवां भाव मंगल और सूर्य के प्रभाव के अंतर्गत आएगा जो यह सुनिश्चित करता की जातक की महत्वाकांक्षा पूरी हो जाएगी। धन संपत्ति, और परिवार में वृद्धि होगी। लेकिन अगर बुध भी मंगल ग्रह के साथ स्थित है तो बुध से संबंधित बातों और रिश्तों जैसे, बहन, भाभी, नर्सों, नौकरानी, तोता, बकरी आदि प्रतिकूल प्रभावी होंगी अत: इनसे दूर रहना बेहतर होगा।

उपाय:

(1) समृद्धि के लिए घर में चांदी का ठोस टुकड़ा रखें।

(2) हमेशा बेटी, बहन, भाभी और विधवाओं को मिठाई भेंट करें।

(3) बार बार एक छोटी सी दीवार बनाएं और गिराएं।

आठवें भाव में फल:

यह घर मंगल और शनि, के संयुक्त गुणों से प्रभावित होता है। इस घर में कोई ग्रह अच्छा नहीं माना जाता है। यहां स्थित मंगल ग्रह जातक के छोटे भाई पर प्रतिकूल प्रभाव डालता है। लाभ या हानि की परवाह किए बिना जातक अपने

द्वारा बनाई गई प्रतिबद्धताओं से चिपका रहता है।

उपाय:

(1) विधवाओं का आशीर्वाद प्राप्त करें और गले में एक चांदी की चेन पहनें।

(2) तंदूर की बनी मीठी रोटी कुत्तों को दें।

(3) भोजन रसोई घर में ही करें।

(4) अपने घर के अत में एक छोटा से अंधेरा कमरा बनाएँ और उसमें सूर्य की रोशनी न आने दें।

(5) धार्मिक स्थानों में चावल, गुड़ और चने की दाल भेंट करें।

(6) किसी मिट्टी के बर्तन में 'देशी खांड' भरें और शमशान भूमि के समीप दफनाएं।

नौवें भाव में फल :

यह भाव मंगल ग्रह के मित्र बृहस्पति का है। इस भाव में स्थित मंगल ग्रह बडों का आशिर्वाद और मदद दिलाकर जातक के लिए हर ढंग से अच्छा साबित होगा। जातक के भाइयों की पत्नियां जातक के लिए भाग्यशाली रहेंगी। सामान्यत: उसके अपने पिता की तरह कई भाई होंगे। भाइयों के साथ एक संयुक्त परिवार में रहने पर जातद के सुख में हर ओर से वृद्धि होगी। जातक अपनी उम्र के 28 वें वर्ष तक एक अत्यंत प्रतिष्ठित प्रशासनिक पद प्राप्त कर लेगा। जातक युद्ध से जुड़े सामान के व्यापार में भारी मुनाफा कमा सकता है।

उपाय:

(1) अपने बड़े भाई की आज्ञा मानें।

(2) अपनी भाभी यानी भाई की पत्नी की सेवा करें।

(3) नास्तिक न बनें और अपने पारंपरिक और धार्मिक रीति - रिवाजों का पालन करें।

(4) धार्मिक और पूजा स्थलों पर चावल, दूध और गुड़ चढ़ाएं।

दसवें भाव में फल:

कुंडली में यह मंगल ग्रह की सबसे अच्छी स्थिति है, यह मंगल की उच्च की जगह है। यदि जातक किसी गरीब परिवार में पैदा हुआ है तो उसके जन्म के बाद उसका परिवार अमीर और संपन्न हो जाएगा। यदि वह किसी अमीर परिवार में पैदा हुआ है, तो उसके जन्म के बाद उसका परिवार अमीर और अमीर होता जाएगा। यदि जातक अपने भाइयों में सबसे बडा है तो वह समाज में एक अतिविशिष्ट होगा और खूब मान प्रतिष्ठा हासिल करेगा। जातक निर्भीक, साहसी, स्वस्थ और समाज में परंपराओं, मानदंडों और नियमों को निर्धारित करनें में

पर्याप्त सक्षम होगा। हालांकि, यदि दूसरे भाव में राहु, केतु और शनि या शुक्र और चंद्रमा जैसे हनिकर ग्रह हों तो पूर्वोक्त लाभकारी प्रभाव कम हो जाते हैं। इसके अलावा यदि तीसरे भाव में कोई मित्र ग्रह भी स्थित है तो भी दसवें घर में स्थित मंगल ग्रह के परिणामों पर प्रतिकूल प्रभाव डालेगा। यदि शनि तीसरे घर में स्थित है तो जातक अपने जीवन के अंतिम भाग में खूब धन और बहुत सारी जमीन जायदाद प्राप्त करेगा। साथ ही वह एक राजसी पद भी प्राप्त करेगा। मंगल दसम में हो और पांचवें घर में कोई भी ग्रह न हो तो चारों तरफ से समृद्धि और खुशियां आती हैं।

उपाय:

(1) पैतृक संपत्ति और घर का सोना न बेचें।

(2) घर में हिरण पालें।

(3) दूध उबालते समय इस बात का खयाल रखें कि दूध उफन कर आग पर न गिरने पाए।

(4) काने और निःसंतान व्यक्तियों की मदद करें।

ग्यारहवें भाव में फल:

क्योकि यह घर बृहस्पति और शनि ग्रह से प्रभावी होता है इसलिए इस घर में मंगल अच्छे परिणाम देता है। यदि बृहस्पति उच्च का हो तो मंगल बहुत अच्छे परिणाम देता है। जातक साहसी और आम तौर पर व्यापारी होता है।

उपाय:

(1) पैतृक संपत्ति कभी भी न बेचें।

(2) किसी मिट्टी के बर्तन में शहद या सिंदूर रखना अच्छे परिणाम देगा।

बारहवें भाव में फल:

यह घर बृहस्पति से प्रभावित घर होता है। इसलिए यहां पर मंगल और और बृहस्पति दोनों के अच्छे परिणाम मिलते हैं। यह राहू का पक्का घर भी कहा गया है इसलिए मंगल के यहां स्थित होने के कारण राहू का दुष्प्रभाव भी नहीं मिलता।

उपाय:

(1) सुबह खाली पेट शहद का सेवन करें।

(2) मिठाई खाना और दूसरों को भी देने से जातक के धन की बृद्धि होती है।

18

लाल किताब के अनुसार मंगल ग्रह के अशुभ होने के लक्षण

कैसे होता मंगल खराब? :

- घर का पश्चिम कोण यदि दूषित है तो मंगल भी खराब होगा।
- हनुमानजी का मजाक उड़ाने या अपमान करने से।
- धर्म का पालन नहीं करने से।
- भाई या मित्र से दुश्मनी मोल लेने से।
- निरंतर क्रोध करते रहने से।
- मांस खाने से।
- चौथे और आठवें भाव में मंगल अशुभ माना गया है।
- किसी भी भाव में मंगल अकेला हो तो पिंजरे में बंद शेर की तरह है।
- सूर्य और शनि मिलकर मंगल बद बन जाते हैं।
- मंगल के साथ केतु हो तो अशुभ हो जाता है।
- मंगल के साथ बुध के होने से भी अच्छा फल नहीं मिलता।

लाल किताब के अनुसार मंगल से शापित कुंडली के जातक के सामान्य या सरल लक्षण निम्नलिखित हैं : -

- मनुष्य को एक आंख में चोट आ जाती है।
- जातक को खून की कमी होने लगती है।
- शरीर के जोड़ दर्द करने लगते है।
- संतान होने में बांधा आती है।
- अशुभ मंगल से ऋण बढ़ता है।
- भूमि संबंधी कार्यों में नुकसान हो सकता है।
- मकान बनाने में परेशानियां आती हैं।
- शरीर में दर्द रहता है। रक्त संबंधी कोई बीमारी हो सकती है।
- विवाह में देरी हो सकती है।
- माहौल में और लोगों में कमियां निकालने की आदत हो जाती है, साथ ही ऐसा जातक खुद को तरह तरह से नुक्सान पहुंचाता है अर्थात स्वयं के लिए स्वयं ही गड्ढा खोद लेता है।
- बहुत ज्यादा अशुभ हो तो बड़े भाई के नहीं होने की संभावना प्रबल मानी गई है।
- भाई हो तो उनसे दुश्मनी होती है।
- मंगल हौसला और वीरता का प्रतीक है। यदि व्यक्ति डरपोक है तो मंगल खराब है।
- संतान सुख में बाधा। पैदा होते ही उनकी मौत हो जाती है।
- व्यक्ति हर समय झगड़ता रहता है। थाने या जेल में रातें गुजारना पड़ती हैं।

19

मंगल के शुभ और अशुभ योग

मंगल के शुभ और अशुभ योग निम्नलिखित हैं :

1. मंगल का पहला अशुभ योग -

- किसी कुंडली में मंगल और राहु एक साथ हों तो अंगारक योग बनता है।
- अक्सर यह योग बड़ी दुर्घटना का कारण बनता है।
- इसके चलते लोगों को सर्जरी और रक्त से जुड़ी गंभीर समस्याओं का सामना करना पड़ता है।
- अंगारक योग इंसान का स्वभाव बहुत क्रूर और नकारात्मक बना देता है।
- इस योग की वजह से परिवार के साथ रिश्ते बिगड़ने लगते हैं।

अंगारक योग से बचने के उपाय -

- अंगारक योग के चलते मंगलवार का व्रत करना शुभ होगा।
- मंगलवार का व्रत रखने के साथ भगवान शिव के पुत्र कुमार कार्तिकेय की उपासना करें।

2. मंगल का दूसरा अशुभ योग -

- अंगारक योग के बाद मंगल का दूसरा अशुभ योग है मंगल दोष । यह इंसान के व्यक्तित्व और रिश्तों को नाजुक बना देता है।

- कुंडली के पहले, चौथे, सातवें, आठवें और बारहवें स्थान में मंगल हो तो मंगलदोष का योग बनता है।
- इस योग में जन्म लेने वाले व्यक्ति को मांगलिक कहते हैं।
- कुंडली की यह स्थिति विवाह संबंधों के लिए बहुत संवेदनशील मानी जाती है।

मंगलदोष के लिए उपाय -

- हनुमान जी को रोज चोला चढ़ाने से मंगल दोष से राहत मिल सकती है।
- मंगल दोष से पीड़ित व्यक्ति को जमीन पर ही सोना चाहिए।

3. मंगल का तीसरा अशुभ योग -

- नीचस्थ मंगल तीसरा सबसे अशुभ योग है । जिनकी कुंडली में यह योग बनता है, उन्हें अजीब परिस्थितियों का सामना करना पड़ता है।
- इस योग में कर्क राशि में मंगल नीच का यानी कमजोर हो जाता है।
- जिनकी कुंडली में नीचस्थ मंगल योग होता है, उनमें आत्मविश्वास और साहस की कमी होती है।
- यह योग खून की कमी का भी कारण बनता है।
- कभी–कभी कर्क राशि का नीचस्थ मंगल इंसान को डॉक्टर या सर्जन भी बना देता है।

नीचस्थ मंगल के लिए उपाय -

- नीचस्थ मंगल के अशुभ योग से बचने के लिए तांबा पहनना शुभ सकता है।
- इस योग में गुड़ और काली मिर्च खाने से विशेष लाभ होगा।

4. मंगल का चौथा अशुभ योग -

- मंगल का एक और अशुभ योग है जो बहुत खतरनाक है। इसे शनि मंगल (अग्नि योग) कहा जाता है. इसके कारण इंसान की जिंदगी में बड़ी और जानलेवा घटनाओं का योग बनता है।
- ज्योतिष में शनि को हवा और मंगल को आग माना जाता है।

- जिनकी कुंडली में शनि मंगल (अग्नि योग) होता है उन्हें हथियार, हवाई हादसों और बड़ी दुर्घटनाओं से सावधान रहना चाहिए।
- हालांकि यह योग कभी–कभी बड़ी कामयाबी भी दिलाता है।

शनि मंगल (अग्नि योग) के लिए उपाय -

- शनि मंगल (अग्नि योग) दोष के प्रभाव को कम करने के लिए रोज सुबह माता-पिता के पैर छूएं ।
- हर मंगलवार और शनिवार को सुंदरकांड का पाठ करने से इस योग का प्रभाव कम होगा ।

मंगल का पहला शुभ योग -

- मंगल के शुभ योग में भाग्य चमक उठता है. लक्ष्मी योग मंगल का पहला शुभ योग है।
- चंद्रमा और मंगल के संयोग से लक्ष्मी योग बनता है।
- यह योग इंसान को धनवान बनाता है।
- जिनकी कुंडली में लक्ष्मी योग है, उन्हें नियमित दान करना चाहिए।

मंगल का दूसरा शुभ योग -

- मंगल से बनने वाले पंच-महापुरुष योग को रूचक योग कहते हैं।
- जब मंगल मजबूत स्थिति के साथ मेष, वृश्चिक या मकर राशि में हो तो रूचक योग बनता है।
- यह योग इंसान को राजा, भू-स्वामी, सेनाध्यक्ष और प्रशासक जैसे बड़े पद दिलाता है।
- इस योग वाले व्यक्ति को कमजोर और गरीब लोगों की मदद करनी चाहिए।

20

मंगलवार के उपाय

वैदिक ग्रंथों में मंगल का दिन सबसे शुभ और कल्याणकारी माना गया है। वैसे तो पिछले अध्यायों में सभी भावों में मंगल की स्तिथि और लक्षण के अनुसार उपाय बताये जा चुके हैं किन्तु फिर भी यहां कुछ अन्य सरल उपाय बताये जा रहे हैं। निम्न उपाय करने से मंगल भगवान् की विशेष कृपा प्राप्त होती है। अतः मंगल को शुभ करने, सुख एवं समृद्धि के लिए निम्नलिखित सरल उपाय करें :-

1. सुबह लाल गाय को रोटी खिलाएं। हनुमान मंदिर में नारियल चढ़ाएं।
2. लाल वस्त्र, लाल फल, लाल फूल और लाल रंग की मिठाई श्री गणेश को चढ़ाएं। मनोकामना पूर्ण होगी।
3. किसी देवी मंदिर में ध्वजा चढ़ाकर आर्थिक समृद्धि की प्रार्थना करें। लगातार पांच मंगलवार तक ऐसा करें। धन की कमी दूर होगी।
4. पांच लाल फूल मिट्टी के पात्र में गेहूं के साथ रखकर घर की छत के पूर्वी कोने में ढंककर रख दें। पूरे सप्ताह इसे छुए नहीं। अगले मंगलवार सारा गेहूं छत पर फैला दें। फूल को घर के मंदिर में रख दें।
5. मंगलवार को इन चीजों के प्रयोग व दान का विशेष महत्व है- तांबा, केसर, कस्तूरी, गेहूं, लाल चंदन, लाल गुलाब, सिन्दूर, शहद, लाल पुष्प, मसूर की दाल, लाल कनेर का फूल, लाल मिर्च, लाल पत्थर, लाल मूंगा।
6. हनुमान जी को गुड़ का भोग लगाएं। गुड़ को बाद में गाय को खिला दें।
7. हनुमान जी के समक्ष दीपक जलाएं। इस दीपक में चमेली का तेल होना चाहिए।

8. हनुमान जी को लाल रंग का रुमाल चढ़ाएं। प्रसाद की तरह इस रुमाल को अपने साथ हमेशा रखें। इसे इसका उपयोग न करें । केवल अपने साथ रखें।
9. मंगलवार के दिन गरीब बच्चों में लाल रंग की मिठाई बांटें। किसी गरीब को चाय पिला दें, भोजन करा दें।

श्री मंगल यंत्रम

कुंडली में मंगल ग्रह नीच स्थान में बैठा है या पीडित है तो आपको अपने घर में मंगल यंत्र की स्थापना करनी चाहिए।

मंगल यंत्र के लाभ

- मंगल यंत्र कुंडली में अशुभ स्थान में बैठे मंगल के प्रकोप को शांत करता है। विधि अनुसार मंगल यंत्र की स्थापना करने से आपके घर-परिवार में शुभता का आगमन होता है।
- मंगल यंत्र के प्रभाव से मंगल के शुभ प्रभाव में बढ़ोत्तरी होती है।
- अगर आपके ऊपर कर्ज चढ़ा हुआ है तो आपको मंगल यंत्र की पूजा करनी चाहिए। इस यंत्र के पूजन से निश्चित ही आपको कर्ज से मुक्ति मिलेगी।
- जिन महिलाओं को गर्भधारण में दिक्कत आ रही है उन्हें भी मंगल यंत्र का पूजन करना चाहिए।
- इसके अलावा जिन लोगों को मनचाहा जीवनसाथी नहीं मिल रहा उन्हें भी मंगल यंत्र की पूजा से लाभ होगा।

- इस यंत्र को अपने घर में स्थापित करने से घर-परिवार में शुभता का आगमन होता है।
- यह यंत्र आपके जीवन में होने वाली दुर्घटनाएं, चोट लगना आदि को कम कर देता है।

ध्यान रखने योग्य बातें

मंगल यंत्र को स्थापित करते वक्त इसके शुद्धिकरण और प्राण प्रतिषअठा जैसे महत्वपूर्ण चरण सम्मिलित होने चाहिए। प्राण प्रतिष्ठा करवाए बिना मंगल यंत्र विशेष लाभ प्रदान नहीं करता है। इसलिए इस यंत्र को स्थापित करने से पहले सुनिश्चित करें कि यह विधिवत बनाया गया हो और इसकी प्राण प्रतिष्ठा हुई हो। मंगल यंत्र खरीदने के पश्चात किसी अनुभवी ज्योतिषी की सलाह लेकर उसे घर की सही दिशा में स्थापित करना चाहिए। यदि उत्तम फल पाना चाहते हैं तो इस यंत्र को मंगलवार के दिन स्थापित करें।

मंगल यन्त्र स्थापना विधि :

मंगल ग्रह का अपना दिन मंगलवार है अत: मंगलवार के दिन व्रत (उपवास) रखें और साधना पूजन करें तो अति उत्तम होगा। मंगलवार के दिन सूर्योदय से पूर्व (पहले) उठकर निवृत्त होकर तन-मन को स्वच्छ करें। फिर लाल रंग का नवीन वस्त्र धारण करके मण्डप में उत्तर दिशा की ओर मुख करके बैठें। मण्डप घर के किसी कमरे में बनाया जा सकता है किंतु इसके लिए यदि फर्श कच्चा है तो गाय के गोबर से लीपकर शुद्ध करें और यदि पक्का फर्श है तो धुलाई करके फर्श को पोंछे तथा गुलाब जल आदि छिड़ककर पवित्र करें। आसन पर विराजने से पूर्व आवश्यक सामग्री जैसे लाल पुष्प, लाल चंदन, कुशा, देसी घी आदि एकत्रित करके अपने निकट रख लें। तत्पश्चात पवित्री धारण करके मंत्रोच्चारण आरंभ करें-

कोई भी शुभ कार्य आरम्भ करते समय विघ्नहरण भगवान गणेशजी की पूजा होती है, जो कि समस्त विघ्नों को दूर करके साधक की साधना पूर्ण करते हैं:-

मंत्र

गजाननं भूतगणादि सेवितं, कपित्थ जम्बूफल चारु भक्षणम्।
उमासुतं शोक विनाशकारकम् नमामि विघ्नेश्वर पाद पंकजम्।।

उपरोक्त मंत्र पाठ करके हाथ में रखा अक्षत (चावल) गणेशजी की प्रतिमा के सम्मुख रख दें और मन ही मन प्रार्थना करें:-

'हे गणेशजी! आप समस्त विघ्नों का हरण करने वाले हैं।'
हे उमासुत! आप समस्त बाधाओं का नाश करने वाले हैं।
हे प्रभु! आपके चरण कमलों की मैं वंदना करता हूं।

तत्पश्चात संकल्प करें-

संकल्प मंत्र

देशकालौ स्मृत्वा मम जन्म राशेः समाशान्नामराशेः सकाशाज्जन्म लग्ना द्वर्षलग्नाद्वा गोचारच्चतुर्थाष्टम आदित्यनिष्ट स्थानस्थित भौम (मंगल) सर्वानिष्ट फलनिवृत्तिपूर्वक तृतीयैकादश शुभस्थान स्थित वदुत्तम फल प्राप्तयर्थं आर्युआरोग्य वृध्ययर्थमृणच्छेदार्थम् अमुक रोग विनाशार्थं वा पुत्र प्राप्त्यर्थं श्री मंगल देवता प्रसन्नतार्थ भौमव्रतं करिष्ये।

संकल्प के पश्चात निम्नलिखित मंत्रों से न्यास आदि करें।

विनियोग

ॐ अस्य मंत्रस्य विरुपाक्ष ऋषि:, गायत्री छंद:, धरात्मजोभौमोदेवता, हां बीजम्, हं स:शक्ति: सर्वेष्ट सिद्धये जपे विनियोग:

ऋष्यादि न्यास

ॐ विरूपाक्ष ऋषये नमः- शिरसि।
गायत्री छंदसे नमः -मुखे।
धरात्मज भौम देवतायै नमः- नेत्रयो।
हां बीजाय नमः - गुह्ये
हं सः शक्तये नमः- पादयो।
विनियोगाय नमः- सर्वांगे।

करन्यास

ॐ ॐ भौमाय- अंगुष्ठाभ्यां नमः।
ॐ हां भौमाय- तर्जनीभ्यां नमः।

ॐ हं भौमाय- मध्यामाभ्यां नमः।
ॐ सः भौमाय- अनामिकाभ्यां नमः।
ॐ खं भौमाय- कनिष्ठिकाभ्यां नमः।
ॐ खः भौमाय-करतलकरपृष्ठाभ्यां नमः।

हृदयादि न्यास

ॐ ॐ भौमाय- हृदयाय नमः।
ॐ हां भौमाय- शिरसे स्वाहा।
ॐ हं भौमाय- शिखायै वषट्।
ॐ सः भौमाय- कवचाय हुम्।
ॐ खं भौमाय- नेत्रत्रयाय वौषट्।
ॐ खः भौमाय- अस्त्राय फट्।

ध्यान मंत्रः

उपरोक्त विधि से न्यास करने के उपरान्त मंगल देव के स्वरूप का ध्यान करते हुए नीचे लिखे 'ध्यान मंत्र' का पाठ करें और साथ ही यंत्र की स्थापना पूर्वी दीवार या फिर उत्तरी दीवार पर करें। यंत्र को दूसरे व्यक्ति के हाथ लगने से रोकें। पवित्रता पूर्वक रखें। यंत्र की स्थापना के समय ऐसे किसी व्यक्ति को वहां आने से रोकें जो आपके प्रति सकारात्मक सोच नहीं रखता है, या किसी भी प्रकार का द्वेष रखता है। यंत्र स्थापना के समय सही मुहुर्त जरूर देखें। यंत्र स्थापना पर यंत्र को गंगा जल से धोकर साफ करें, सूती पवित्र वस्त्र से पौंछें और फिर यंत्र के चारों कोनों पर रौली और चन्दन से तिलक लगाएं। तत्पश्चात मिठाई , मिश्री और अन्य फलादि से प्रसाद लगाएं। धूप और दीपक जलाकर यंत्र से संबंधित मंत्रों का जाप करें।

जपाभं शिवं स्वेद्जं हस्त पद्ममैर्मदा शूलशक्त करे धारयंतम्।
अवंती समुत्यं सुमेषासनस्थं धरानन्दनं रक्त वस्त्रं समीडे।।

ध्यान के बाद मानस पूजा करें। मानस पूजा में देव को मन की कल्पना से रचित पुष्प, नैवेद्य, अर्घ्य, पाद्य आदि अर्पित किया जाता है, जैसे मन ही मन सुन्दर पुष्प की कल्पना करके कहें- हे देव! यह सुन्दर पुष्प मैं आपको अर्पित करता हूं।

कृपालु होकर पुष्प स्वीकार करें और मुझे मनोवांछित फल प्रदान करें। इसी प्रकार अन्य क्रिया करें।

पूर्व वर्णित विधि से ऋष्यादि न्यास करने के उपरान्त निम्नलिखित मंत्रों में से किसी एक मंत्र का जप करें-

1. ॐ क्रां क्रीं क्रौं सः भौमाय नमः
(मंत्र की जप संख्या दस हजार है।)

2. ॐ भौ भौमाय नमः।
(मंत्र संख्या दस हजार।)

3. ॐ ह्रीं णमो सिद्धदाणं।
(मंत्र जप दस हजार)

4. ॐ ह्रीं वासुपूज्यप्रभो नमस्तुभ्यं मम शांतिः।
(इस मंत्र की एक माला जप करें।)

मंत्र जाप के पश्चात पूर्ण श्रद्धा से धूप दीप तथा आरती कर पूजा सम्पूर्ण करें। ध्यान रखें पूरी स्थापना विधि किसी योग्य पंडित की देखरेख में ही करें ताकि स्थापना सफलतापूर्वक शास्त्रीय विधि द्वारा पूर्ण हो सके। तत्पश्चात पंडित को सामर्थ्यानुसार दक्षिणा एवं भेंट दे कर आशीर्वाद अवश्य प्राप्त करें।

Printed by Libri Plureos GmbH in Hamburg,
Germany